REINHARD EISENER

„Konterrevolution auf dem Lande"

Zur inneren Sicherheitslage
in Mittelasien
1929/30
aus Sicht der OGPU

Ба ёди Баҳодур Бурихонов

VORBEMERKUNG

Zweck des vorliegenden Büchleins ist es, dem Leser einen Bericht der Bevollmächtigten Vertretung der OGPU, der „Vereinigten Staatlichen Politischen Verwaltung",[1] in Mittelasien übersetzt und kommentiert vorzustellen. Er wurde 1930 erstellt und liegt mir in Form einer Xerokopie vor, die mir vor einigen Jahren von einem russischen Journalisten zur Verfügung gestellt wurde. Dieser wiederum war – seiner Aussage nach – durch einen KGB-Offizier in den Besitz dieses Materials gelangt. Die Kopie des fraglichen Berichts umfaßt fol. 1-31 und fol. 39 der Akte Nr. 25412 des KGB-Archivs beim Ministerrat der Uzbekischen SSR.[2] Alle Blätter sind maschinell gedruckt, was – meines Wissens nach – seinerzeit bei Dokumenten von übergreifender Bedeutung im Bereich der höheren und höchsten Staatsorgane nicht unüblich war. Neben der gedruckten Seitenzählung ist das Dokument blattweise handschriftlich durchpaginiert, enthält zahlreiche Anstreichungen und ein paar wenige handschriftliche Vermerke. Auf fol. 1 ist das Titelblatt, auf fol. 2-26 findet sich der zugehörige Bericht über die „Ländliche Konterrevolution in Mittelasien, 1930". Gezeichnet ist der Bericht (fol. 26) in Taschkent am 25. Dezember 1930 durch den „Bevollmächtigten Vertreter der OGPU in Mittelasien, Mironov" und den „Stellvertretenden Leiter der Spezialabteilung des Mittelasiatischen Militärkreises und der Bevollmächtigten Vertretung der OGPU in Mittelasien, Volynskij".[3] Auf den Bericht dieser beiden, relativ hochrangigen OGPU-Funktionäre, der

---

[1] Die staatlichen Sicherheitsorgane firmierten nach der Gründung der UdSSR (1923) unter dieser Bezeichnung; zuvor nahm seit März 1922 die GPU diese Funktionen als Ersatz für die VČK wahr, die „Allrussische Außerordentliche Kommission zum Kampf mit der Konterrevolution, Sabotage und Spekulation", die offiziell seit Dezember 1917 bestanden hatte.

[2] Russischsprachig wird dieses Archiv derzeit als *Archiv SNB Uzbekistana* bezeichnet (SNB steht für „Nationaler Sicherheitsdienst").

[3] Über diese beiden Personen konnte ich nichts weiter in Erfahrung bringen. – Spezialabteilung (*osobyj otdel*, abgeürzt: OO) bezeichnet das militärische Pendant zur OGPU.

samt Titelblatt im Anschluß an diese Vorbemerkung übersetzt und kommentiert wiedergegeben wird, folgen auf fol. 27-31 zwei Säulen- und drei Kreisdiagramme, sowie auf fol. 39 als „Anlage Nr. 4" eine kurze Liste mit Worterklärungen zu Begriffen aus dem „Uzbekischen und Arabischen".[4] Da diese Anlagen im gegebenen Rahmen von keinem zusätzlichen oder besonderen Aussagewert sind, habe ich sie nicht in die Übersetzung des Dokuments aufgenommen.

So vergleichsweise klar, wie sich die Herkunft und die Ersteller des Dokuments bestimmen lassen – an seiner Authentizität ist m. E. nicht zu zweifeln – so wenig verrät es, für wen es gedacht war. Kein Adressat wird genannt. Allzu weitgezogen kann dieser Kreis nicht gewesen sein, denn das Titelblatt trägt unter anderem den Aufdruck: „Streng geheim, zu archivieren wie Chiffriertes". Somit läßt sich vermuten, daß das Dokument zur internen Weiterleitung nach „oben" und auch an andere Führungsorgane des Staats und der Partei (Republik- und Unionsebene) vorgesehen war. Für letzteres mag sprechen, daß der Bericht gedruckt wurde.[5] Offenbar geschah das ganze schließlich unter Zeitdruck, denn gegen Ende wirkt der Text typographisch und auch inhaltlich ein wenig schludrig.

Mit der Verortung dieses Berichts und der darin eingeschlossenen Frage nach seiner Intention oder auch danach, was er denn eigentlich auszusagen vermag, betreten wir, angesichts seiner Eigenschaft ein geheimdienstliches Dokument zu sein, ein äußerst komplexes, ja auch sensibles Feld. Was dies angeht, möchte ich mich hier auf eine knappe, erläuternde Bemerkung beschränken: Texte oder Berichte von Organen, die sich mit der inneren Sicherheit eines Staates befassen, sind für den Histo-

---

[4] Es fehlen also in der Kopie zumindest die Anlagen Nr. 2-3 oder gar Nr. 1-3 (die Diagramme sind nicht expressis verbis als Anlage ausgewiesen). Eine dieser Anlagen war z. B. eine vollständige Übersetzung des „politischen Programms" von Nāṣir Ḫān Tūra, wie eine Bemerkung im Text (u. S. 121) erkennen läßt.

[5] Die mir vorliegende Kopie enthält – wie wahrscheinlich auch das Orginal – keine Angaben zur Auflagenhöhe, Druckerei u. ä. Lediglich auf das Titelblatt ist an der dafür vorgesehenen Stelle die Nummer dieses Exemplars, nämlich eine „9" gestempelt worden.

riker von ihrem Aussagegehalt her keine leicht erschließbare Quelle. Für Dokumente solcher Provenienz, die unter den Voraussetzungen eines Systems mit totalem Anspruch entstanden sind, gilt dies allemal. Vergangene Realitäten spiegeln sich in ihnen mehr oder minder verzerrt wider. Im nachhinein ist von ihren Aussagen nicht selten nur schwerlich feststellbar, ob sie mehr einer Eigendynamik der einschlägigen Organe und ihrer Sichtweise zu verdanken sind, oder ob in solchen Dokumenten doch noch in irgendeiner Form diejenigen äußeren Zustände widergespiegelt werden, welche sie zu beschreiben vorgeben. Hier ist alles möglich. Die Palette reicht von gewissermaßen naturgetreuen Abbildungen tatsächlicher Vorgänge und Verhältnisse über Zerrbilder von ihnen bis hin zu reinen Phantasiegemälden, deren Inhalte von vielfältigen tatsächlichen oder auch nur scheinbaren momentanen Erfordernissen bestimmt wurden, seien sie betriebsinterner Art, seien sie Folge von Propaganda oder politischem Druck gewesen.[6] Wenn die Berichterstattung „Mißerfolge" bei der Durchsetzung zentraler Direktiven zu deutlich werden ließ, drohten Sanktionen.

Unter derartigen Voraussetzungen kann nur eine sorgfältige Analyse auf einer breiten Grundlage von Quellenmaterialien zu einem angemessenen Verständnis verhelfen. Hierzu kann das vorliegende Büchlein nicht mehr als ansatzweise einen Beitrag leisten. Dennoch scheint es mir sinnvoll und angebracht zu sein, den fraglichen Bericht der Öffentlichkeit zugänglich zu machen, da er zumindest ein gewisses Licht auf Verhältnisse wirft – er entstellt und verschleiert auch allerhand –[7] die zu Beginn der „heißen Phase" der Kollektivierung herrschten, und über deren spezifischen Charakter in Mittelasien im Vergleich

---

[6] Ein recht illustratives Beispiel für praktische Auswirkungen dieser Phänomene findet sich bei Sultanbekov, *Pervaja žertva Genseka* 72 ff., wo die Konstruktion des „Falls Hādī Atlasov" beschrieben wird.

[7] Als Beispiel hierfür sei genannt, daß er 1) die mit der Kollektivierung einhergehenden Versuche verschleiert, Nomaden seßhaft zu machen, und 2) daß er überhaupt nicht auf die Probleme zu sprechen kommt, die sich im Zusammenhang mit Umsiedlungsaktionen von Bevölkerungsteilen aus wirtschaftlichen „unrentablen" oder dichtbesiedelten Räumen in die Baumwollanbaugebiete Mittelasiens ergaben.

zu den zentralen Gebieten der UdSSR bislang relativ wenig bekannt ist. Um aber dem Leser dennoch etwas an die Hand zu geben, das ihn mit der angedeuteten Problematik des Textes vielleicht besser zurecht kommen läßt, möchte ich einleitend noch kurz: 1) etwas zu einigen Charakteristika der Darstellungsweise des Berichts bemerken, und 2) ein paar wenige Stichworte zur Frage der Kollektivierung bis Ende 1930 unter Berücksichtigung der Situation in Mittelasien geben. Meine Absicht dabei ist, den Blick des Lesers auf das Dokument etwas zu schärfen, ohne mich aber dabei einer unvertretbaren Voreinstellung seines Blickwinkels schuldig machen zu wollen.

Unter den seinerzeit herrschenden politischen Bedingungen in der Sowjetunion hatten (Informations)berichte häufig, wenn nicht gar grundsätzlich den Charakter von Rechenschafts- oder genauer gesagt: Rechtfertigungsberichten angenommen. Die in solchen Berichten festgehaltenen „Fakten" und insbesondere auch deren dort vorgenommene Interpretation waren bis zu einem gewissen Grade schon im vorhinein festgelegt – durch die Auslegung ideologischer Prämissen, durch Direktiven, Beschlüsse und Planvorgaben von oben, die allesamt nach Erfüllung heischten. Der innere Druck des mittlerweile ins Übermäßige angeschwollenen, vertikal ausgerichteten bürokratischen Apparats fügte da ein übriges hinzu.[8] Auf den fraglichen Bericht wirkte sich dies hinsichtlich seines generellen Tenors – in ein paar groben Zügen skizziert – folgendermaßen aus: Die aktuellen Vorhaben der Partei und Sowjetmacht sind prinzipiell gut und richtig. Wer diese Ansicht nicht teilt, ist ein Konter-

---

[8] Das Volumen an Informationen, das von der OGPU bei der Staats- und Parteiführung einging, erreichte 1930 sein Maximum und überstieg bei weitem deren Möglichkeiten, sich die erhaltenen Informationen anzueignen und zu durchdenken (*Sovetskaja derevnja glazami VČK-OGPU-NKVD* 9 ff., in der Einleitung, wo es des näheren dazu heißt: „Es ergab sich eine absurde Situation: das allumfassende System der politischen Kontrolle und geheimen Information erfüllte gewissenhaft seine Pflichten und überflutete die Machthaber buchstäblich mit einem Strom von Informationen über die begangene Vergewaltigung des Bauerntums, deren zerstörerische Folgen und über den wachsenden bäuerlichen Protest. Aber die Führungsspitzen brauchten diese ganze Information schon nicht mehr" (S. 15)).

revolutionär, den es zu bekämpfen gilt. Solche Personen finden sich vorzugsweise, wenn nicht gar ausschließlich in den Reihen des Klassenfeinds. Im gegebenen Rahmen der Kollektivierung in Mittelasien ist dies in erster Linie: „die Geistlichkeit[9], das Bajtum[10], das ehemalige Emirbeamtentum[11], das ehemalige Basmatschi-Aktiv[12] etc." Dieser Personenkreis ist vorsätzlich darauf aus, die „Sowjetmacht zu bekämpfen" und ihre Maßnahmen zu „sabotieren". Die erwünschte eigene Klientel der Klein- und Mittelbauern aber macht bei anti-sowjetischen Aktivitäten nur deshalb mit, weil sie vom Bajtum etc. „mithineingezogen" und dazu „provoziert" wird. – Dieses einfache Freund-Feind-Schema findet – ungeachtet dessen, daß die hierzu im Bericht angeführten „Fakten" ihm nicht selten widersprechen – auch in bezug auf die lokalen Partei- und Sowjeteinrichtungen Anwendung, wenn deren „Überspitzungen und Entstellungen der Parteilinie" als Ursache für anti-sowjetische

---

[9] Gemeint sind mit diesem, hinsichtlich islamischer Anschauungen (das fundamentale Prinzip der Universalität des Islam) unangebrachten, aber im Russischen gebräuchlichen Begriff „religiöse" Funktionsträger (*muftī, qāzī, mudarris, mullā, išān* etc.). Diesem Sprachgebrauch gewiß förderlich war, daß seit Ende des 18. Jhdts. in Rußland Maßnahmen erfolgt waren, muslimische Untertanen durch die Schaffung islamischer geistlicher Behörden und damit einer Art von „muslimischem Klerus" administrativ einzubinden (an dessen Spitze stand die Geistliche Versammlung (*duchovnoe sobranie*) in Orenburg).
[10] *Bajstvo*, von turksprachig *bāy*, für „Herr, Reicher", steht im damaligen russischen Sprachgebrauch synonym für *kulak* (Großbauer).
[11] Gemeint sind Würdenträger des ehem. Emirats von Buchara (seit 1868 Protektorat Rußlands), das 1920 durch eine militärische Intervention Sowjetrußlands gestürzt wurde und dann bis zur „territorialen Aufteilung" Mittelasiens (1924) als Bucharische Volksrepublik firmierte (1924 ging sein Territorium in die neugeschaffenen Republiken Uzbekistan, Tadschikistan und Turkmenistan ein).
[12] Der turksprachige Begriff *bāsmačī* (er leitet sich von der Wurzel *bas*-(Grundbedeutung: drücken) ab, die in etlichen Turksprachen und auch schon im Alttürkischen u. a. die spezielle Bedeutung „plötzlich angreifen, überfallen" hat) läßt sich in ersten Ansätzen seit Herbst 1918, fest dann seit Ende 1919, als Bezeichnung für bewaffneten anti-sowjetischen Widerstand der lokalen muslimischen Bevölkerung Mittelasiens im russischen Sprachgebrauch nachweisen (turksprachig ein *nomen actionis*, von dessen Singular *basmačī*, der durch das -*i* einem russischem Plural gleicht, im Russischen retrograd der Singular *basmač* abgeleitet wurde). – Grundlage dieser Aussagen sind eigene Forschungen.

Aktivitäten angeprangert werden. Einschlägige, nicht selten durch Druck von oben erzeugte Entgleisungen von Partei- und Sowjetfunktionären werden dann als eine Folge von „Verschmutzung des unteren Apparats mit Baj-Elementen" hingestellt.

Hinter einer derartigen Darstellungsweise scheint, über die bereits benannten Gründe eines scheinbar vorauseilenden Gehorsams hinaus, auch das Phänomen zu stehen, die eigene konspirative Haltung und Vorgehensweise auf den im vorhinein schon bestimmten Gegner zu übertragen. Die „Organe" scheinen gewissermaßen mit Blindheit dafür geschlagen gewesen zu sein, daß die von ihnen als „Terror", „Schädlingstätigkeit", „Widerstand", „Sabotage" und „Aufstandstätigkeit" gebrandmarkten Aktivitäten häufig einen hausgemachten Charakter hatten, sich letztlich mehr oder minder direkt auf die jeweils aktuelle Politik der Sowjetmacht – auch ohne deren „Überspitzung und Entstellung" – zurückführen lassen.

Wie immer es darum im einzelnen auch bestellt gewesen sein mag, an dieser Stelle gilt es vorerst einmal, diesen Grundzug einer verzerrten Wahrnehmung festzuhalten, der sich im fraglichen Dokument auch noch auf andere Weise bemerkbar macht: Die in ihm festgehaltenen, vielfältigen „konterrevolutionären Aktivitäten" werden mit einem – abgesehen von der brachialen Begrifflichkeit – um Sachlichkeit und Objektivierung bemühten Ton beschrieben und systematisiert. Die OGPU selbst hält sich dabei weitgehend im Hintergrund der Darstellung als ein Organ auf, das gewissermaßen immer über alles Bescheid weiß und die richtigen Maßnahmen ergreift. Angesichts der – gemäß Darstellung der OGPU – „Ungeheuerlichkeiten", die in ihrem Bericht beschrieben werden, stellt sich beim zeitlich fernen Leser unwillkürlich, aber – gemessen am Maßstab des monströsen stalinistischen Systems – unangebrachterweise der Eindruck ein, daß es für die OGPU doch recht kompromittierend hätte gewesen sein müssen, daß sich all dies trotz ihrer Tätigkeit und Kenntnis realisieren konnte. Das beste Beispiel hierfür bietet die Beschreibung der Vorbereitungen eines bewaffneten Aufstands unter Nāṣir Ḫān Tūra, der sogar über ein schriftlich abgefaßtes politisches Programm verfügte. Die Darstellung dieser Vorgänge und ihrer Aufdeckung wird im fraglichen Bericht sichtlich als ein Erfolgsnachweis für die gute Arbeit der OGPU breitgetreten. Nicht im entferntesten aber wird daran gerührt, daß sich die Organisierung eines großangelegten Aufstands gewissermaßen vor der eigenen Haustür der Bevollmächtigten Vertretung der OGPU, unweit von Taschkent im dichtbesiedelten Becken von Fergana, abspielen konnte und anscheinend bis zu ihrer „Liquidierung" relativ weit gediehen war.[13]

Hiermit bei inhaltlichen Fragen des Textes angelangt, gilt es, den Bericht zur „Ländlichen Konterrevolution in Mittelasien" noch in ein paar groben Zügen in sein zeitliches und räumliches Umfeld einzuordnen. Er entstand in der Situation, als die erste Etappe der (Zwangs)kollektivierung hereingebrochen war, eine Maßnahme, die in der Folge die Sowjetunion zumindest um zwei Jahrzehnte in der landwirtschaftlichen Entwicklung zurückwerfen, das Schicksal eines großen Teils ihrer Bevölkerung grob verändern und Millionen von Menschen letztlich das Leben kosten sollte.

Zum besseren Verständnis einiger Aspekte der Kollektivierung ist es unerläßlich, kurz auf die Frage der Bauern und ihrer Kategorisierung in Kleinbauer (*bednjak*, wörtl.: armer (Bauer)), Mittelbauer (*serednjak*) und Kulak (Großbauer, wohlhabender Bauer) einzugehen. Die sowjetischen Machthaber sahen sich nach der „Oktoberrevolution" von 1917 und dann mit der Verflüchtigung ihrer weltrevolutionären Hoffnungen Anfang der zwanziger Jahre umso mehr dem Problem gegenübergestellt, wie die Bauern, die von der marxistischen Theorie her als Kapitalisten zu betrachten sind, in die Konzeptionen der „proletarischen Revolution" und des „sozialistischen Aufbaus" einzubeziehen sind. Schließlich war der weitaus überwiegende Teil der Bevölkerung Rußlands und dann der Sowjetunion im agrarischen Bereich tätig.

---

[13] Vgl dazu u. S. 110 ff.

Ohne an dieser Stelle auf Einzelheiten eingehen zu wollen, sei stark vereinfacht festgestellt, daß diesem Problem in der Theorie durch eine Ausdehnung des Begriffs „Proletariat" auf Teile der Landbevölkerung begegnet wurde, begleitet von einer Klasseneinteilung. Dabei wurde zunächst einmal der Landarbeiter (*batrak*) mit dem Proletarier gleichgesetzt, der Kleinbauer galt als Halbproletarier (diese Gruppe machte etwa ein Drittel der Bauernschaft aus). Die Mehrheit der Bauern, die Mittelbauern, wurde als Kleinkapitalisten betrachtet, die es dann schon bald (seit 1919) als Verbündete zu gewinnen galt. Die äußerst dünne Schicht der Kulaken war und blieb ein „kapitalistischer Klassenfeind".

Als gebräuchliches Modell hatte sich dann bis zum Vorabend der Kollektivierung durchgesetzt, den Kleinbauern mit dem Proletarier und den Mittelbauern mit dem Halbproletarier gleichzusetzen, die führende und bevorzugte Rolle des Arbeiters blieb dabei nach wie vor unangetastet. Kulaken galten nun als „Kleinkapitalisten" und „landwirtschaftliche Unternehmer".

Angesichts derlei Konstruktionen scheint es nicht weiter verwunderlich, daß sich einheitliche und „objektive" Kriterien zur Festlegung, welcher Klasse ein bestimmter Bauer angehörte, nicht recht finden lassen, ganz abgesehen von der in der Praxis in dieser Frage dann obwaltenden Willkür und Subjektivität. Hier helfen in erster Linie nur konkrete Beispiele weiter, und diese zeigen, daß z. B. der Begriff „Kulak" keine klar umreißbare Gestalt beschrieb, sondern vorrangig ein nützliches Feindbild abgab. Somit drohte fast jedem Bauern, daß er des Kulakentums bezichtigt werden konnte. Die Unterschiede, nach denen die Einstufung in die eine oder andere Klasse erfolgte, waren recht gering.

Als Anhaltspunkt sei eine Definition gegeben, wie sie sich einer Abhandlung von 1929 zum „sozialen Wandel im sowjetischen Dorf" entnehmen läßt. Dementsprechend galt als „proletarische Wirtschaft" ein Bauernhaushalt, der über keine eigenen Produktionsmittel (Vieh, Geflügel, totes Inventar, Wirtschaftsbauten, Vorräte) oder über solche bis maximal im Wert von 400 Rubeln verfügte, überdies Lohnarbeit (bei anderen Bauern) verrichtete und Produktionsmittel mietete. Unter „halbproletarische Wirtschaften" fielen Bauern, die neben den genannten Merkmalen auch noch auszeichnete, in geringfügigem Umfang Lohnarbeiter zu beschäftigen oder Produktionsmittel zu vermieten. „Kleinkapitalist" schließlich war, wer Produktionsmittel im Wert von mehr als 400 Rubeln besaß, für gewisse Perioden oder ständig Lohnarbeiter beschäftigte oder Produktionsmittel vermietete.[14] Die Beschäftigung von Lohnarbeitern und die Vermietung von Produktionsmitteln (sprich: wer anderen das Feld pflügte)[15] gaben – neben anderen Merkmalen wie „Reichtum", Besitz von landwirtschaftlichen Maschinen etc. – zwei wichtige Kriterien ab, nach denen dann Kulaken im Zuge der Kollektivierung und „Entkulakisierung" identifiziert wurden oder werden sollten.

Nach außenhin deutlich sichtbar eingeleitet wurde der ungeheuerliche Vorgang der Kollektivierung, der sich bereits 1926 in einer allmählichen Abkehr von der „Neuen Ökonomischen Politik" angekündigt hatte,[16] auf dem XV. Kongreß der VKP(b) im Dezember 1927. Dort wurde unter anderem beschlossen, daß

---

[14] Vgl. Merl, *Sowjetmacht und Bauern* 208 ff. (die an dieser Stelle auszugsweise wiedergegebene Abhandlung von A. Gajster findet sich in den Kongreßakten der „I. Allunionskonferenz der Agrarwissenschaftler-Marxisten", die Dezember 1929 stattfand, und auf der Stalin erstmals mit der Forderung nach einer „Liquidierung des Kulakentums als Klasse" öffentlich hervortrat).

[15] Merl, *op. cit.* 47, führt hierzu trefflich aus, daß sich hinter dem als „Ausbeuter" eingestuften Vermieter von Produktionsmitteln auch z. B. derjenige Bauer verbarg, der seine Existenz als Landwirt dadurch mühsam erkämpfte, daß er die Felder anderer pflügte, die es vorgezogen hatten, gegen deutlich bessere Gehälter außerhalb der Landwirtschaft zu arbeiten, und nun durch die gering vergütete Arbeit ihres „Ausbeuters" zusätzlich zu ihrem Lohn auch noch Lebensmittel von ihren Feldern bezogen.

[16] Diese Abkehr zeigte sich an einer Hinwendung zum „Klassenkampf auf dem Lande": 1926/27 setzten wieder Zwangsmaßnahmen bei der Getreidebeschaffung (*chlebozagotovka*) ein: „ausbeuterische Bauern" wurden des Wahlrechts beraubt; Zuordnungskriterien zur Gruppe der Kulaken gewannen zunehmend an Bedeutung; die Steuerschraube wurde angezogen, indem „wohlhabende" Bauernwirtschaften nun progressiv besteuert wurden (vgl. Merl, *Sowjetmacht und Bauern* 53 ff.).

der XV. Kongreß der VKP(b) es jedoch für notwendig hält zu bemerken, daß die weiter oben [im Beschluß] genannten Errungenschaften unzureichend sind, und daß das Niveau der Landwirtschaft immer noch äußerst niedrig ist. Infolgedessen beauftragt der Kongreß das Zentralkomitee, praktische Maßnahmen zu ergreifen, um den Aufschwung der Landwirtschaft zu verstärken, wobei der Kongreß es für eine der Hauptmaßnahmen hält, die Arbeiten zur Flurbereinigung schnellstens durchzuführen.[17] Es ist notwendig, sich auf der Basis weitester genossenschaftlicher Organisierung des Bauerntums den allmählichen Übergang der zersplitterten Bauernwirtschaften auf die Gleise einer Großproduktion (Kollektivbearbeitung des Bodens auf der Basis einer Intensivierung und Maschinisierung der Landwirtschaft) zur vordringlichsten Aufgabe zu machen, und mit allen Mitteln den Keim einer vergesellschaftlichten landwirtschaftlichen Arbeit zu unterstützen und zu fördern.[18]

Ungeachtet dessen, daß der XV. Parteikongreß in seinem Beschluß noch eine Vielzahl von Möglichkeiten bäuerlicher Kooperation offenließ – bald danach wurde der Kurs auf die Kollektivierung eingeschlagen. Im Frühjahr 1928 legten das Volkskommissariat für Landwirtschaft und das Kolchoszentrum der RSFSR einen Entwurf des ersten Fünfjahresplans vor, worin vorgesehen war, bis 1933 1,1 Millionen Wirtschaften (= 4%) in Kolchosen zu organisieren. Im Frühjahr 1929 sah dann der nun

---

[17] Die Rede ist hier von *zemleustrojstvo* (wörtl.: Landeinrichtung). Die Maßnahmen hierzu und die Bereitstellung von staatlichen Mitteln hierfür waren schon seit 1924 verstärkt worden (vgl. Merl, *Sowjetmacht und Bauern* 45). Der Begriff *zemleustrojstvo* stellt angesichts dessen, was sich mit ihm unter sowjetischen Auspizien verband, einen Euphemismus dar (eine klassenorientierte Landum- und -neuverteilung, Neuorganisierung der bäuerlichen Produktion und in Mittelasien überdies auch noch die Seßhaftmachung von Nomaden).

[18] *KPSS v rezoljucijach i rešenijach* IV, 17; und vgl. auch Ivnickij, *Kollektivizacija* 10. – Ohne auf die große Menge an Forschungsliteratur zur Kollektivierung und die darin ausgetragenen Debatten eingehen zu wollen (vgl. dazu beispielsweise Baberowski, *Stalinismus „von oben"* 572 ff.), greife ich hier und im folgenden weitgehend auf Ivnickijs anschauliche Einführung in die Materie zurück (Ivnickij hat bereits 1972 in der Sowjetunion ein Buch zur Kollektivierung veröffentlicht, das auf bemerkenswert umfangreichen Archivarbeiten beruht: *Klassovaja bor'ba v derevne i likvidacija kulačestva kak klassa, 1929-1932 gg.* [Der Klassenkampf auf dem Lande und die Liquidierung des Kulakentums als Klasse]. Diese Publikation wurde dann wegen einiger nicht parteikonformer „Einschätzungen" scharf kritisiert, was für den Autor nicht ohne unangenehme Auswirkungen blieb... Er hatte in seinem Buch u. a. die unerwünschte These vertreten, daß beim Aufbau des Sozialismus die gewaltsame Expropriation des Kulakentums hätte umgangen werden können (id., *Kolletivizacija* 6).

modifizierte Fünfjahresplan schon die Kollektivierung von 16-18% der Bauernwirtschaften vor. Vor dem Hintergrund des Getreidemangels von 1927-29 (Mißernten) – in den Jahren zuvor war bereits wieder überschüssiges Getreide aus der Sowjetunion exportiert worden – erhöhte die Stalinsche Führung 1929 den Druck und das Tempo der Kollektivierung. Am 12. August 1929 berief die „Abteilung des ZK der VKP(b) für die Arbeit auf dem Lande" eine Besprechung ein, auf der speziell die Frage der Kollektivierung ganzer Bezirke erörtert wurde. Damit war die Idee einer „kompakten Kollektivierung" (*splošnaja kollektivizacija*) der Getreideanbaugebiete geboren.[19]

Wegweisend für den nächsten Schritt hin zur Zwangskollektivierung erschien am 7. November 1929 in der *Pravda* ein Artikel Stalins – „Das Jahr des großen Umschwungs" –, in dem er zur Beschleunigung der Kollektivierung anstachelte.[20] Entsprechend fiel der Tenor des darauffolgenden Plenums des ZK der VKP(b) (10.-17. November) aus, das unter anderem eine kompakte Kollektivierung der wesentlichen Getreideanbauregionen innerhalb von $^1/_2$-1 Jahr befürwortete.[21] Im Anschluß an das Novemberplenum erarbeitete dann die „Jakovlev-Kommission" ein Papier zu konkreten organisatorischen Maßnahmen und Vorgehensweisen bei der Kollektivierung. Für Gebiete kompakter Kollektivierung sah sie einen hundertprozentigen Einschluß der Klein- und Mittelbauern in Kolchosen vor, wobei die Mittelbauern ihr landwirtschaftliches Inventar und Vieh zu vergesellschaften hätten.[22]

Am 18. Dezember 1929 legte die Kommission ihren Entwurf eines ZK-Beschlusses vor. Dieser stieß jedoch bei Stalin auf Mißfallen. In der Folge wurde das Projekt unter Stalins Regie bis Anfang Januar 1930 vom Inhalt her erheblich gekürzt und verschärft. Am 5. Januar schließlich wurde der zurechtgestutzte Entwurf der „Jakovlev-Kommission" vom Politbüro sanktioniert und sofort darauf am 6. Januar in der *Pravda* als

---

[19] Vgl. Ivnickij, *op. cit.* 11.
[20] Vgl. Stalin, *Werke* XII, 105 ff.
[21] Vgl. Ivnickij, *op. cit.* 20 ff.
[22] Vgl. Ivnickij, *op. cit.* 27 ff., 35, 39.

ein ZK-Beschluß „Über das Tempo der Kollektivierung und die Fördermaßnahmen des Staats beim Kolchosaufbau" veröffentlicht.[23]

Gewisses Kopfzerbrechen hatte der „Jakovlev-Kommission" noch die Frage bereitet, wie mit den Kulaken zu verfahren sei. Stalin bezog offenbar erstmals am 27. Dezember 1929 hierzu deutlich Position, indem er nun die „Liquidierung des Kulakentums als Klasse" forderte.[24] Die Ausführungen zur Verfahrensweise mit den Kulaken im Papier der „Jakovlev-Kommission" hatten nicht seine Zustimmung gefunden. Dort war unter „Punkt 8" festgehalten worden, daß

> der Kulak nicht in die Kolchosen zuzulassen ist, wobei auf ihn in Gebieten der kompakten Kollektivierung durch entsprechende Beschlüsse der in Kollektiven vereinigten Klein- und Mittelbauern sowie der lokalen Rätekongresse [folgende Maßnahmen] anzuwenden sind: die Konfiskation der kulakischen Produktionsmittel und ihre Übergabe in unteilbare Fonds der Kolchosen, Zuweisung von abgelegenen und schlechten Ländereien an die Kulaken, Aussiedlung der übelsten kulakischen Elemente aus den Bezirken etc.[25]

Im „ZK-Beschluß" vom 5. Januar tauchte dieser „Punkt 8" nicht mehr auf. Stattdessen hieß es dort, daß mit dem (neuen) Plan, bereits im Frühjahr 1930 über 30 Millionen Hektar Saatfläche zu verfügen, „die nach Prinzipien der Vergesellschaftlichung [also von Kolchosen] bearbeitet werden", der bestehende Fünfjahresplan, der bis 1933 die Kollektivierung von 22-24 Millionen Hektar Land vorsehe, schon 1930 bedeutend übererfüllt werde:

> 2. Somit besitzen wir die materielle Basis, um die kulakische Großproduktion durch die *Groß*produktion von Kolchosen zu ersetzen, [... ...].[26]

---

[23] Vgl. Ivnickij, *op. cit.* 43 ff. – Der fragliche Beschluß findet sich in *KPSS v rezoljucijach i rešenijach* IV, 383 ff.

[24] Vgl. Stalin, *Werke* XII, 150.

[25] Zit. bei Ivnickij, *op. cit.* 40.

[26] Zumindest was den technischen Bereich (landwirtschaftliche Maschinen etc.) der Ausstattung der Kolchosen anging, hatte sich an der materiellen Basis gegenüber der Situation vor der Kollektivierung nichts geändert (vgl. Ivnickij, *op. cit.* 27 ff., und auch S. 81, wonach Frühjahr 1930 in Gebieten der kompakten Kollektivierung ein Traktor auf 10-15 Kolchosen kam, in den übrigen Gebieten ein Traktor auf 50-60 Kolchosen).

> Dieser Umstand [......] hat der Partei die volle Grundlage gegeben, in ihrer praktischen Arbeit von einer Politik der Einschränkung ausbeuterischer Tendenzen des Kulakentums zur Politik der Liquidierung des Kulakentums als Klasse überzugehen.[27]

Um die praktische Ausformung dieser Politik zu konkretisieren, wurde am 15. Januar 1930 die „Molotov-Kommission" eingesetzt. Sie legte am 26. Januar einen Entwurf vor, und wenig später, am 30. Januar, erfolgte der Politbürobeschluß „Über die Maßnahmen zur Liquidierung der Kulakenwirtschaften in Gebieten der kompakten Kollektivierung".[28] Darin wurde unter anderem ausgeführt:

> 2. In diesen Gebieten [der kompakten Kollektivierung] sind bei den Kulaken die Produktionsmittel, das Vieh, die Wirtschafts- und Wohngebäude, Einrichtungen zur Verarbeitung von Erzeugnissen, Lebensmittel-, Futter- und Saatgutvorräte zu beschlagnahmen.
> 3. Um den Einfluß des Kulakentums auf einzelne Kreise des Klein- und Mittelbauerntums entschieden zu unterwandern, und um unzweifelhaft jegliche Versuche seitens der Kulaken zu unterdrücken, gegen Maßnahmen Widerstand zu leisten, die von der Sowjetmacht und den Kolchosen durchgeführt werden, wird vorgeschlagen:
> a) die erste Kategorie – das konterrevolutionäre Aktiv, Organisatoren terroristischer Akte und Aufstände – ist in Konzentrationslagern zu inhaftieren, ohne dabei in einzelnen Fällen vor der Anwendung des höchsten Strafmaßes haltzumachen – der Füsilierung;
> b) die zweite Kategorie – der übrige Teil des konterrevolutionären Aktivs unter den reichsten Kulaken und Halbgutsbesitzern – ist in abgelegene Örtlichkeiten der UdSSR oder in abgelegene Bezirke des gegebenen *oblast's* (Region, Republik) auszuweisen;
> c) die dritte Kategorie – die Mehrheit der Kulakenwirtschaften – ist innerhalb des Bezirks, von einander getrennt, außerhalb der Kolchosmassive auf neuen, speziell ihnen zugewiesenen Ländereien anzusiedeln.[29]

Des weiteren legte dieser Beschluß den Gesamtanteil an zu liquidierenden Wirtschaften in den Hauptgebieten auf 3-5% fest und erläuterte diesbezüglich, daß die Liquidierung

> zum Ziel hat, den Schlag auf die tatsächlichen Kulakenwirtschaften zu konzentrieren, und [daß] eine Ausdehnung dieser Maßnahmen auf irgendeinen Teil der mittelbäuerlichen Wirtschaften unbedingt zu verhindern ist.[30]

---

[27] *KPSS v rezoljucijach i rešenijach* IV, 384.
[28] Dazu und zur Arbeit der Kommission vgl. Ivnickij, *op. cit.* 52 ff.
[29] Zit. bei Ivnickij, *op. cit.* 68.
[30] *Loc. cit.*

In diesem Zusammenhang ist erwähnenswert, daß es nach Berechnungen der Zentralen Statistischen Verwaltung von Herbst 1929 in der UdSSR nur 2,3% Kulakenwirtschaften gegeben haben soll. – Der Politbürobeschluß vom 30. Januar nennt überdies für einzelne Gebiete auch konkrete Zahlen der zu liquidierenden Kulaken; insgesamt sollten zu diesem Zeitpunkt „nur" 60.000 in Konzentrationslager verschickt und 150.000 aus ihren angestammten Gebieten ausgesiedelt werden. Für die im Beschluß nicht eigens aufgeführten Gebiete wurde die Festlegung der entsprechenden Zahlen den Regionskomitees der Partei und der OGPU – als ausführendem Organ – überlassen. Durchgeführt werden sollte das ganze im Zeitraum von Februar bis Mai 1930.[31]

Das Phänomen perfider Doppelgesichtigkeit zählt zu den wohlbekannten Charakteristika der Stalinschen Politik – das eine zu sagen und das andere zu tun bzw. zu veranlassen; durch Druck Maßnahmen des Apparats zu provozieren und anschließend ihn für deren negative Folgen zu rügen oder gegebenfalls zur Rechenschaft zu ziehen, etc. – So verhielt es sich auch im Fall der „Liquidierung des Kulakentums als Klasse". Kaum daß der Politbürobeschluß vom 30. Januar das Licht der Welt erblickt hatte, verschickte die OGPU-Führung am 2. Februar den „Befehl Nr. 44/21", worin aufs detaillierteste ausgearbeitet war, wie die Organe im einzelnen zu verfahren hatten.[32]

Bleibt noch festzustellen, daß die „Entkulakisierung" eines Teils der Bauernwirtschaften schon Ende 1929 im Zuge der Getreidebeschaffungs- und Steuerkampagne begonnen hatte.[33] Eine der nötigen Grundlagen dazu, wie auch dann zur „Liquidierung" lieferten unter anderem die Listen zur „Individualbesteuerung" wohlhabender Wirtschaften – eine repressive Besteuerungsform, die bereits 1928 eingeführt worden war.[34] Insofern nimmt es nicht weiter Wunder, daß schon Mitte Feb-

---

[31] Vgl. Ivnickij, *op. cit.* 69 f.
[32] Zu diesem Befehl vgl. Ivnickij, *op. cit.* 111 ff.
[33] Vgl. Ivnickij, *op. cit.* 102.
[34] Vgl. Merl, *Sowjetmacht und Bauern* 56; zur Individualsteuer vgl. auch u. in der Übersetzung Anm. 20.

ruar 1930 für die Kulaken der ersten Kategorie das „Soll" von 50-60.000 Entkulakisierten erfüllt war.[35] Bis Anfang Mai 1930 waren dann 66.445 Familien (342.545 Personen) aus den Gebieten kompakter Kollektivierung ausgesiedelt worden.[36]

Der letzte, im gegebenen Zusammenhang noch zu nennende Schritt bei der Entfaltung der Kollektivierungskampagne war, daß sich am 2. März 1930 Stalin in der *Pravda* mit dem Artikel „Vor Erfolg von Schwindel befallen" wieder zu Wort meldete. Darin schob er dem „unteren Apparat" die Schuld an den mittlerweile offensichtlichen „Überspitzungen" der Kollektivierungskampagne in die Schuhe. Zur Situation in Mittelasien bemerkte er diesbezüglich unter anderem:

> Es ist bekannt, daß es in einer Reihe von Bezirken Turkestans [sic!][37] bereits Versuche gegeben hat, die fortgeschrittenen Gebiete der UdSSR „einzuholen und zu überholen",[38] indem gedroht wurde, Militärgewalt anzuwenden und jenen Bauern, die vorläufig noch nicht in die Kollektivwirtschaften eintreten wollen, das zur Bewässerung nötige Wasser zu entziehen und ihnen keine Industriewaren zu liefern."[39]

---

[35] Vgl. Ivnickij, op. cit. 114 f., der überdies ausführt, daß nach OGPU-Daten in der Periode 1. 1. – 15. 4. 1930 insgesamt 140.724 Personen verhaftet wurden, darunter: 79.830 Kulaken, 5.028 Geistliche, 4.405 ehemalige Halbgutsbesitzer; 15. 4. – 30. 9. 1930 wurden noch einmal 142.993 Personen (darunter 45.559 Kulaken) verhaftet.

[36] Vgl. Ivnickij, op. cit. 140; gegen Ende 1930 belief sich die Zahl der Deportierten zusätzlich auf 371.645 der 2. Kategorie und 158.745 der 3. Kategorie; vor Ort übriggeblieben waren – laut OGPU – noch 200.000 entkulakisierte Familien, also rd. 1 Million Personen.

[37] Wollte er hierdurch die „Rückständigkeit" der dort wirkenden Funktionäre zu verstehen geben? Turkestan war Ende 1924 wohl nicht zuletzt unter seiner Regie als Autonome Republik der Russischen Föderation aufgelöst und sein Gebiet auf fünf „Nationalrepubliken" verteilt worden. – Diese Interpretation einschränkend sei vermerkt, daß mit dieser Maßnahme von 1924 die Bezeichnung „Turkestan" nicht aus der Welt geschafft wurde, sondern auch noch anderweitig im sowjetischen Sprachgebrauch ein gewisses Fortleben hatte.

[38] Ein Beschluß der „II. Mittelasiatischen Parteiberatung" von Dezember 1929 wies die mittelasiatischen Republiken an, das Tempo der Kollektivierung in den anderen Gebieten der UdSSR „einzuholen und zu überholen" (vgl. Ivnickij, op. cit. 32). Zur möglichen Ursache dieses Beschlusses vgl. o. S. 12!

[39] Stalin, *Werke* XII, 171; was z. B. die Drohung, „keine Industriewaren zu liefern", angeht, so standen dahinter wahrscheinlich Lieferengpässe. Dem nachfolgend übersetzten OGPU-Bericht zur „Ländlichen Konterrevolution" ist an etlichen Stellen zu entnehmen, daß derartige Engpässe unter der Bevölkerung

Der Kritik Stalins folgte – wie üblich – ein Politbürobeschluß auf dem Fuße, diesmal am 14. März derjenige „Über den Kampf mit Abweichungen von der Parteilinie in der Kolchosbewegung".[40] Ihm war am 10. März ein geheimer Beschluß des Politbüros vorausgegangen. Darin wurde zwar die Erscheinung der Zwangskollektivierung moniert und eine Korrektur der begangenen Fehler gefordert, aber dennoch weiterhin intensiv zur „Kollektivierung auf freiwilliger Basis" aufgerufen. In der Folge traten allein im März 1930 Hunderttausende von zwangskollektivierten Bauern wieder aus den Kolchosen aus, wobei ihnen aber – mit höchster Billigung – Schwierigkeiten bereitet wurden, indem ihnen ihr beschlagnahmtes Inventar, Vieh und Saatgut nicht zurückerstattet wurden. Als die Situation bis kurz vor einen allgemeinen Bauernaufstand gereift war, erfolgte am 2. April noch einmal eine Abmahnung an die lokalen Parteiorganisationen in Form eines offenen Briefs des ZK. Solchermaßen sank der durchschnittliche Kollektivierungsgrad in der Sowjetunion Sommer 1930 um mehr als 50% im Vergleich zu März. Zurück blieben in den Kolchosen hauptsächlich Klein- und Mittelbauern mit geringfügigen Mitteln, die hofften auf diese Weise, ihre Lage verbessern zu können.[41] – Soweit zur hier relevanten ersten Phase der (Zwangs)kollektivierung im allgemeinen.

In Mittelasien mußte sich dieser Vorgang im besonderen noch gravierender ausnehmen, als dies in den zentralen Teilen der Sowjetunion ohnehin schon der Fall war. Denn in den mittelasiatischen Republiken Kirgizstan, Tadschikistan, Turkmenistan und Uzbekistan waren 1) die Verhältnisse im Sinne

---

Mittelasiens zu Protesten führten, wobei aber an keiner Stelle davon die Rede ist, daß die Lieferengpässe absichtlich oder als Zwangsmaßnahme von den einschlägigen Behörden erzeugt wurden. – Stalins Artikel ist gewiß nicht als ernsthafte Reaktion darauf anzusehen, daß mittlerweile Zehntausende von Klagebriefen eingegangen waren, die an ihn und an das ZEK der UdSSR adressiert waren, verfaßt von Personen, die sich zu Unrecht „entkulakisiert" fühlten – oder, daß etwa in einschlägigen OGPU-Berichten katastrophale Szenarien beschrieben wurden.

[40] Zu diesem Beschluß vgl. *KPSS v rezoljucijach i rešenijach* IV, 394 ff.
[41] Vgl. Ivnickij, *op. cit.* 95 ff.

europäischer – und mithin sowjetischer – Vorstellungen wesentlich „rückständiger" als in den zentralen Gebieten der UdSSR, und 2) ergriffen hier die obersten sowjetischen Machthaber die Gelegenheit beim Schopfe, gleichzeitig auch noch gegen – von ihnen als „mittelalterliche, halbfeudale Formen der Ausbeutung" bezeichnete – traditionelle Lebensweisen und -formen (z. B. Nomadismus) nun noch radikaler anzugehen.

Die Situation in Mittelasien war spätestens seit dem Sturz der Zarenherrschaft im Zuge der beiden russischen Revolutionen von 1917 in vielen Regionen äußerst gespannt. Beispielsweise der bewaffnete Widerstand von Basmatschis, der seit 1918 als ein bedeutender Faktor im politischen Geschehen einzelner Landstriche (zunächst im Becken von Fergana) hervorgetreten war, konnte erst mit Beginn der zweiten Hälfte der zwanziger Jahre von der Sowjetmacht merklich eingedämmt werden. Gegen derlei Probleme hatte auch – entgegen aller sowjetischen Behauptungen – die Schaffung „nationaler Republiken" nichts bewirkt, die um die Jahrewende 1924/25 im Zuge der sogenannten „national-territorialen Aufteilung" entlang alter administrativer Untergrenzen aus der Landkarte gestanzt worden waren. Im Gegenteil, diese Maßnahme brachte neue Probleme und Zwistigkeiten mit sich, die noch bis heute nachwirken.

Jenseits derlei negativer Auswirkungen und Folgen frühsowjetischer Politik ist Mittelasien aber auch gemessen am Grad des „sozialistischen Aufbaus", wie er bis 1929/30 in den zentralen Teilen der Sowjetunion erfolgt war, als mehr oder minder „rückständige" Region zu betrachten. Gewissermaßen das Schlußlicht bildete Tadschikistan, das just am Vorabend der (Zwangs)kollektivierung, Oktober 1929, zu einer „selbständigen" Unionsrepublik gekürt wurde.[42] Auf Aussagen zu Verhält-

---

[42] Zuvor war es seit seiner Schaffung Ende 1924 als „autonome Republik" an Uzbekistan angegliedert (etwas zum fraglichen Vorgang findet sich bei Eisener, *Auf den Spuren* 46 ff.).

nissen in dieser Republik wird nachfolgend noch mehrfach als praktisches Beispiel zurückgegriffen werden.[43]

Die politische Führung der Sowjetunion ging im Zuge der von ihr entfachten Kollektivierungs- und Entkulakisierungskampagne auf die besonderen Verhältnisse Mittelasiens nur in äußerst begrenztem Maße ein, wie sich beispielsweise am Politbürobeschluß „Über die Maßnahmen zur Liquidierung der Kulakenwirtschaften in Gebieten kompakter Kollektivierung" vom 30. Januar 1930 zeigen läßt, zu dem knapp drei Wochen später ein Nachtrag verabschiedet wurde. Darin hieß es dann unter anderem:

1. In Ergänzung zur Anordnung des ZK vom 30. 1. sind in Bezug auf die Kulaken (Bajs) in den Gebieten der kompakten Kollektivierung in Übereinstimmung mit den Besonderheiten der nationalen Gebiete folgende Maßnahmen durchzuführen:

a) Das konterrevolutionäre Baj-Kulaken-Aktiv (Organisatoren, Teilnehmer und Sympathisanten des Basmatschitums und konterrevolutionärer Organisationen) ist in Konzentrationslagern zu inhaftieren, wobei bezüglich der besonders bösartigen Elemente nicht vor der Anwendung der höchsten Repressionsmaßnahme zurückzuschrecken ist (erste Kategorie);

b) Das übrige offensichtliche Kulaken-(Baj-)Element ist außerhalb der Grenzen der Gebiete kompakter Kollektivierung auf das schlechteste Land an diesen Orten anzusiedeln, die weit von den [Außen]grenzen [nach Afghanistan, China] entfernt sind, aber innerhalb der Grenzen der jeweiligen nationalen Republik liegen (zweite und dritte Kategorie). Angesichts der Ausnahmefälle in Beziehung zu Dagestan und einigen Gebieten der mittelasiatischen Republiken ist in beschränktem Umfang auch die Aussiedlung außerhalb der Grenzen der nationalen Republiken gestattet.

2. Kulakenfamilien von nicht einheimischer Nationalität sind obligatorisch aus den Grenzen der nationalen Republiken (Regionen, Gebiete) auszusiedeln, wobei die Zahl der auszusiedelnden Familien aus Mittelasien auf nicht mehr als 400 und aus dem Transkaukasus auf nicht mehr als 200 festgelegt wird.

---

[43] Der Grund hierfür liegt einfach darin, daß ich durch eigene Forschungen insbesondere zu Tadschikistan in den 20er-30er Jahren über einen beträchtlichen Fundus an Quellenmaterialien verfüge. – Ernstzunehmende, systematische Untersuchungen zur frühsowjetischen Agrarpolitik in Mittelasien und zu den dortigen Verhältnissen auf dem Lande stehen – meines Wissens nach – noch aus. Das vorliegende Büchlein erhebt – wie schon bemerkt – nicht im entferntesten den Anspruch, diese Forschungslücke zu schließen, sondern allenfalls denjenigen, begründet auf sie hinzuweisen.

3. Die Zahl der Kulaken-(Baj-)Wirtschaften, auf die die obengenannten Maßnahmen angewandt werden, soll in allen drei Kategorien 2-3% der Gesamtzahl der Wirtschaften in den Gebieten kompakter Kollektivierung in den nationalen Republiken nicht übersteigen.[44]

Dieser modifizierte Maßnahmenkatalog unterscheidet sich kaum von jenem für die zentralen Gebiete der Sowjetunion.[45] Hinsichtlich der Verfahrensweise mit Kulaken ist er etwas schärfer formuliert, und lediglich die Zahlenvorgaben für die zu Verhaftenden und Auszusiedelnden liegen niedriger – für Mittelasien wurde ein Soll von 1300 Kulakenfamilien der ersten Kategorie bestimmt (für Uzbekistan 1000, Turkmenistan 200 und Tadschikistan 100 Familien).[46]

Wie angesichts dessen, was oben bereits zur Entfachung der Kollektivierungskampagne beschrieben wurde, kaum anders zu erwarten ist, verhielt sich das Mittelasienbüro des ZK der VKP(b) – der verlängerte Arm des Politbüros mit Sitz in Taschkent –[47] in dieser Angelegenheit opportunistisch. Das Mittelasienbüro hatte es bis Ende 1929 natürlich nicht an einer klaren und harten Linie in der Agrarpolitik fehlen lassen, aber in kritischen Regionen, wie zum Beispiel Tadschikistan oder in den Grenzgebieten zu Afghanistan, betrieb es 1929 zunächst in gewissen Fragen sogar fast so etwas wie eine Art Beschwichtigungspolitik.

Am 22. April 1929 verabschiedete das Exekutivkomitee des Mittelasienbüros auf der Grundlage des Berichts einer Untersuchungskommission einen umfänglichen Beschluß „Über

---

[44] Zit. bei Baberowski, *Stalinismus „von oben"* 586 f. (ich habe Baberowskis Zitat hinsichtlich der Übersetzung einiger Begriffe und Wörter – insofern möglich – den Gepflogenheiten des vorliegenden Büchleins etwas angepaßt); Ivnickij, *op. cit.* 126, paraphrasiert diesen ZK-Beschluß, den er auf den 20. 2. 1930 datiert.
[45] Vgl. o. S. 17 f.
[46] Vgl. Ivnickij, *op. cit.* 126, an dann entkulakisierten und ausgewiesenen Wirtschaften nennt Ivnickij für 1930: in Uzbekistan 2.648, in Turkmenistan 1.943; außerdem seien in der Periode Januar-April 1930 aus Turkmenistan 1091 Familien vor der Kollektivierung nach Iran und Afghanistan geflohen.
[47] Das Mittelasienbüro war auf der Grundlage eines ZK-Beschlusses vom 16. 8. 1922 im März 1923 an die Stelle der seit November 1919 in Mittelasien wirkenden *Turkkomissija* und an die Stelle des seit August 1920 dort zusätzlich tätigen *Turkbjuros* getreten.

die Situation und die anstehenden Aufgaben bei der Arbeit in den grenznahen Gebieten zu Afghanistan".[48] Darin wurde unter anderem festgestellt, daß

1. den Grenzbezirken, ungeachtet ihrer hohen politischen Bedeutung, seitens des ZK der KP(b) Turkmenistans, des ZK der KP(b) Uzbekistans und des Tadschikischen Gebietskomitees der KP(b) Uzbekistans[49] keine spezielle Aufmerksamkeit zuteil geworden ist, sowohl bezüglich dessen, in diesen Gebieten die Arbeiten zur Sowjetisierung wirtschaftlicher und kultureller Maßnahmen zu entfalten, als auch bezüglich der Festigung des Partei- und Sowjetapparats.

2. Die Parteiorganisationen der grenznahen Gebiete sind zahlenmäßig klein, schwach und mit [sozial] fremden Elementen verschmutzt, weshalb sie unter der Bevölkerung keine Autorität genießen und in ihrer derzeitigen Zusammensetzung die Durchführung der Parteilinie nicht gewährleisten können.

3. Der Zustand der Sowjetapparate ist unbefriedigend, wegen geringer Arbeitsfähigkeit und Verschmutztheit mit untauglichen, sozial fremden, Baj-, Emirbeamten- und mitunter Verbrecher-Elementen.[50]

Die weiteren Ausführungen dieses Beschlusses machen deutlich, daß die Bevölkerung der betroffenen Gebiete bislang anscheinend herzlich wenig mit der Sowjetmacht und deren Vertretern am Hut gehabt hatte. Dagegen sollte nun etwas unternommen werden:

Alle Maßnahmen der Partei- und Sowjetorgane in der Grenzzone müssen einer Generallinie untergeordnet werden, die in der Notwendigkeit besteht, **unter den uns nahestehenden sozialen Schichten des Dorfes** (Landarbeitertum, Klein- und Mittelbauern) **dauerhafte [pro]sowjetische Stimmungen zu erzeugen und die Sympathie und Neigung der sozial nahestehenden Schichten aus Dorf und Nomadensiedlung der Grenzzone mit und zu uns hervorzurufen.**[51]

Im Beschluß folgt nun ein umfangreicher Maßnahmenkatalog, der in erster Linie aus Vergünstigungen für die Bevölkerung dieser Gebiete bestand: – niedrigere Steuersätze oder gar die Befreiung davon,

7. Um eine weitere Emigration der großen Viehzüchter nach Afghanistan zu unterbinden, müssen folgende Maßnahmen durchgeführt werden:

---

[48] Vgl. RCChIDNI: f. 17, op. 24, d. 20, l. 212 ff.
[49] Tadschikistan hatte zu diesem Zeitpunkt noch den Status einer autonomen Republik innerhalb der Uzbekischen SSR.
[50] Ibid.: l. 212.
[51] Ibid.: l. 213 (die Hervorhebungen entsprechen denen des Orginals).

a) in diesem Jahr ist die Individualbesteuerung von Viehzüchtern nicht durchzuführen.⁵²

Weitere Vergünstigungen bestanden in der Vergabe von Krediten, in Unterstützungen für die Instandsetzung und Erhaltung von Bewässerungseinrichtungen, in einer besseren Warenversorgung und Ausweitung des Netzes staatlicher Handelseinrichtungen (um den Schmuggel und Schwarzhandel einzudämmen), im Aufbau von Kultureinrichtungen und einer medizinischen Versorgung, etc.

Ein recht bezeichnendes Licht auf die 1929 bestehenden Verhältnisse wirft der fragliche Beschluß des Mittelasienbüros zur Politik in den grenznahen Gebieten dann, wenn in seinem Unterabschnitt „Zum Sowjetaufbau" extra darauf hingewiesen wird:

(Gesondert für Turkmenistan).
3. der Verkehr der Sowjetorgane mit der Bevölkerung über [ihre] Stammesführer ist für unzulässig zu halten, insbesondere in wirtschaftlichen Fragen (Tachta-Bazar, Kuška). Gleichzeitig ist die Arbeit zur Diskreditierung dieser Führer zu verstärken.
4. Es ist für zweckmäßig zu halten, die Stammesführer innerhalb der Grenzen eines Bezirks von einem Dorf in ein anderes umzusiedeln (Tachta-Bazar), in besonderen Fällen sind die bösartigsten von ihnen außerhalb der Republikgrenzen auszusiedeln.
(Gesondert für Tadschikistan).
5. Wenn in Betracht gezogen wird, daß fast alle Mitglieder des ZEK der Tadschikischen ASSR aus den Grenzgebieten entweder selbst Bajs sind oder mit dem Bajtum, Stammesführern und dem Basmatschitum verbunden sind, so ist in den grenznahen Gebieten bei der Durchführung der Neuwahlen des ZEK der Tadschikischen ASSR die gesellschaftliche Meinung der Bauernschaft darauf vorzubereiten, sie aus dem CEK zu entfernen und an ihrer Stelle Genossen aus dem Landarbeitertum, den Klein- und Mittelbauern vorzuschlagen, die überprüft und der Sowjetmacht ergeben sind.⁵³

Die „politische Zurückhaltung" des Mittelasienbüros kannte ihre Grenzen!⁵⁴ – Dies zeigt auf andere Weise auch das zweite

---

⁵² Ibid.: 1. 224. – „Individualbesteuerung": eine 1928 eingeführte repressive Maßnahme gegen Kulakenwirtschaften (vgl. o. Anm. 34). Hinter der Bezeichnung Viehzüchter (*skotovod*) verbergen sich Nomaden.
⁵³ Ibid.: 1. 219.
⁵⁴ Ergänzend sei noch hinzugefügt, daß am 10. 10. 1930 die Tadschikische Parteiführung vom Mittelasienbüro eine umfängliche Abmahnung in

Beispiel, – ein Vorgang in der Agrarpolitik Tadschikistans. Im Sitzungsprotokoll des Exekutivkomitees des Mittelasienbüros vom 4. Juni 1929 ist nachzulesen:

> Hörten: 4. Zur Durchführung der Boden-Wasser-Reform in Tadschikistan und im Kreis Chorezm.
> Beschlossen: 1. Im laufenden Jahr ist die Durchführung der Boden-Wasser-Reform in Tadschikistan für unzweckmäßig zu halten.[55]

Was hinter dieser Entscheidung steckte, verrät ein Stückweit eine öffentliche Mitteilung des ZK der tadschikischen „Gewerkschaft der Pflüger"[56] von Ende April 1929 über den soeben

---

dieser Sache zugesandt bekam, in der es einleitend hieß: „Das Mittelasienbüro des ZK der VKP(b) konstatiert, daß das ZK Tadschikistans die Entscheidungen des Mittelasienbüros des ZK der VKP(b) vom 30. März 1929 »Über die Situation und die anstehenden Aufgaben bei der Arbeit in den grenznahen Gebieten zu Afghanistan« nicht ausgeführt hat, insbesondere im Bereich: [... ...]" (RCChIDNI: f. 17, op. 24, d. 30, l. 41).

[55] AKPT: f. 1, op. 1, d. 1180, l. 27 (Auszug). – Mit „Boden-Wasser-Reform" ist im Prinzip die Flurbereinigung (*zemleustrojstvo*) gemeint, die in den zentralen Gebieten der Sowjetunion bereits seit 1924 wieder verstärkt aufgenommen worden war. In Mittelasien handelte es sich – in variierter Form – u. a. um den Versuch, eine Landzuteilung von aufgelassenen oder „nationalisierten" (= verstaatlichten oder konfiszierten) Ländereien an besitzlose und kleine Bauern durchzuführen, sowie eine Landumverteilung – von oben nach unten – der Ländereien in Großgrundbesitz (gab es so gut wie nicht) entsprechend lokal und regional festgelegter Normen für die Größe von Bauernwirtschaften vorzunehmen.

[56] Im Text: *sojuz »Džuftgaron«* (*ǧuftgar[ān]*; die Pluralendung), eine persischsprachige Wortschöpfung für jmdn., der ein Paar (Arbeitstiere) laufen läßt, steuert). – Dem „Informationsbericht Nr. 1 über den Verlauf der Reorganisierung, Säuberung und Stärkung des *sojuz »Džuftgaron«*..." vom 26. 5. 1928 ist u. a. zu entnehmen, daß die Hauptaufgabe dieser Gewerkschaft in Tadschikistan sein sollte: „die Organisierung der Kleinbauern und Landarbeiter im Bündnis mit den Mittelbauern, um ihre Interessen gegen das Bajtum zu verteidigen, sowie die allumfassende Mitwirkung bei der Entwicklung der Bauernwirtschaft, die Einführung [neuer] Technologien und Kulturen [bei ihr], und ihre Kollektivierung"; weiter heißt es: „In ihrem gegenwärtigen Zustand kann die tadschikische Organisation des *sojuz »Košči«* [turksprachig, das nomen actionis von *qāšmaq*, gleichbedeutend mit *ǧuftgar*] die Erfüllung der vor sie gestellten Aufgaben nicht gewährleisten – ungeachtet ihrer großen Zahlenstärke (7.439 Mitglieder), weil diese Zellen organisatorisch nicht formiert sind, die Mitgliedsbeiträge nicht einkassiert werden und die Gewerkschaft mit Baj-Elementen verschmutzt ist. Deshalb hatte das Organisationsbüro [des ZK der KP(b) Uzbekistans] am 16. Juli 1927 beschlossen, eine Säuberung [dieser Gewerkschaft]

beendeten II. Rätekongreß Tadschikistans (21.-28. April). In dieser Mitteilung wurde behauptet, daß die Forderungen der Vertreter sämtlicher Distrikte im Grunde genommen auf folgendes hinausgelaufen seien:

während Tausende von Kleinbauern und Landarbeitern kein eigenes Land haben, besitzt eine kleine Gruppe von Wirtschaften – Halbgutsbesitzer, Groß-Bajs, Groß-Emirbeamte, Dutzende von Desjatinen[57] Land, die [von ihnen] nicht bearbeitet werden, sondern von Jahr zu Jahr verpachtet werden. Die Kleinbauern und die schwachen Mittelbauern müssen für das Recht, staatliches Land zu nutzen, jährlich mehr als die Hälfte der Ernte an die Bajs, Halbgutsbesitzer und Großbeamten abgeben.[58] Die Sowjetmacht soll die Landüberschüsse bei den Baj-Wirtschaften wegnehmen und sie den dörflichen Armen zurückerstatten.[59]

Die Durchführung genau dessen aber setzte die Sowjetmacht in Tadschikistan auf ihrem II. Kongreß für das Wirtschaftsjahr 1929/30 aus, wie die Mitteilung der „Gewerkschaft der Pflüger" offenbar keine Not hatte, im Anschluß an ihre oben zitierten Ausführungen festzustellen. Und weiter hieß es in derselben Mitteilung:

---

vom Baj-Element durchzuführen. In Verbindung damit, daß in tadschikischen Gebieten das Wort »Košči« nicht verstanden wird, hatte das Organisationsbüro am 11. 6. 1927 beschlossen, den *sojuz »Košči«* in *sojuz »Džufigaron«* umzubenennen" (AKPT: f. 1, op. 1, d. 1040, l. 3).

[57] Eine *desjatina* entspricht 1,09 Hektar.

[58] Diese Aussage beschreibt Verhältnisse, wie sie vor der Revolution im Emirat von Buchara, anscheinend aber auch noch 1929 herrschten (welche Art von Ländereien hier gemeint ist – vorausgesetzt, es handelt sich nicht nur um pures Nachgeplappere von Propaganda – läßt sich nicht genau bestimmen; die Angabe zur Höhe der Abgaben von mehr als der Hälfte der Ernte deutet darauf hin, daß es sich um den besonders krassen Fall der (ehem.) *būna* handelte, eine Sonderform temporärer Landdotationen (*tanḫ'āh*) an Würdenträger des Emirats, die speziell im ertragsarmen Ost-Buchara (Zentral-, Süd- und Südost-Tadschikistan) praktiziert wurde, indem eine bestimmte Menge Häuser (oder ganze Dörfer) mit ihrem Grundbesitz vergeben wurden; die Bauern wurden dabei praktisch fast zu Sklaven des Dotierten (vgl. Semenov, *K prošlomu Buchary* 1001). In andern Fällen betrug die Pacht gewöhnlich $1/4$ oder $1/5$ des Ernteertrags, was sich aber anteilsmäßig um je $1/4$ bzw. $1/5$ erhöhen konnte, wenn dem Pächter (eigentlich Teilbauern) das Saatgut oder Arbeitsvieh bzw. das Wasser vom Grundbesitzer gestellt wurden. Dann blieben dem Bauern im Extremfall nur $1/4$ bzw. $1/5$ der Ernte für die von ihm gestellte Arbeitskraft; hinzu konnten Abgaben an verschiedenartige Makler kommen).

[59] AKPT: f. 1, op. 1, d. 825, l. 171.

Der Kongreß hat die Regierung beauftragt, bezüglich der Ausführungsfristen der Landreform in den Gebieten, wo sie durchgeführt wird, zu überprüfen, in welchem Maße die Forderung nach einer Landreform tatsächlich die Stimmung der breiten Massen des Bauerntums ausdrückt.[60]

So vielsagend diese Aussage des ZK der „Gewerkschaft der Pflüger" auch ist, sie trifft zumindest nicht den Hintergrund der Entscheidung des Mittelasienbüros vom 4. Juni 1929 im Kern. Schon eher dürfte dies bei einem Bericht der Fall sein, der am 27. April 1929 – also noch während der tadschikische Rätekongreß lief – auf einer Sitzung des Exekutivkomitees des ZK der KP(b) Uzbekistans mitstenographiert wurde:

Genosse Nodel': Die Gespräche über die Landreform in Tadschikistan werden ungefähr schon mehr als ein halbes Jahr geführt, sowohl während der Parteikonferenz, als auch auf persönlicher Ebene. [... ...] Ich weiß nicht, ob diese Entscheidungen festgehalten worden sind, aber im großen und ganzen wurde die Lösung angenommen, daß es unumgänglich ist, an eine Vorbereitung der gesellschaftlichen Meinung für die Landreform zu schreiten und sich gleichzeitig an ein genaues Studium der Hauptmaterialien über diejenigen Gebiete zu machen, in denen die Landreform durchgeführt werden muß, und [sich zugleich an ein Studium der Materialien] über die Anzahl der Wirtschaften [zu machen], die wir durch die Landreform erfassen [wollen]. Gemäß jenen Direktiven, die Genosse Zelenskij[61] zurückgelassen hat, stellt sich die Sache so dar, daß die Ausarbeitung parallel hier [in Samarkand][62] und in Taschkent ausgeführt wird. Dabei läuft in Taschkent die statistische Durcharbeitung jener Materialien, die in verschiedenen Organisationen in Tadschikistan und in Mittelasien gesammelt worden sind, und hier auf der Grundlage eines persönlichen Studiums jener Bedingungen, die vor Ort herrschen [... ...] Eine prinzipielle Entscheidung über die Durchführung der Landreform ist vorhanden. Es gibt die Entscheidung des Politbüros, das sich schon im Januar für die Durchführung einer Landreform aussprach und das Mittelasienbüro verpflichtet hat, bis 1. April alle Erwägungen zu den Formen, Fristen, Methoden etc. der Durchführung vorzulegen.[63]

---

[60] Ibid.: l. 172.
[61] Zu Isaak Abramovič Zelenskij (1890-1938) – zu diesem Zeitpunkt Sekretär des Mittelasienbüros – vgl. z. B. *Who Was Who* 628.
[62] Die Hauptstadt Uzbekistans war 1924/25-1930 Samarkand.
[63] AKPT: f. 1, op. 1, d. 1392, l. 13. – Wie sich leicht erahnen läßt, gibt das Stenogramm des Berichts des Genossen Nodel' (das auf l. 30 der genannten Akte abbricht) ein glänzendes Beispiel für Interna der Entscheidungsfindung ab, und überdies auch noch einen Beleg für doch recht intime Kenntnisse der tatsächlichen Situation, wie sie – salopp gesagt – auf der „oberen unteren Ebene" vorlagen.

Hiermit schließt sich ein Kreis! Alle entscheidenden Organe wußten Bescheid oder konnten Bescheid wissen. Der Grund für die Aussetzung der Landreform in Tadschikistan war, daß die entsprechende Agitationskampagne noch nicht vorbereitet war, und daß die grundlegenden Materialien noch nicht ausgearbeitet waren. Die Qualität der Ausarbeitung letzterer litt natürlich im Zweifelsfall erheblich unter Zeitdruck und unter dem politischen Druck, unter dem sie entstanden. Ihre Hersteller waren gezwungen, innerhalb kürzester Frist ihre Untersuchungsergebnisse in die jeweils gerade opportune Form zu bringen. Dennoch vermögen derlei Materialien noch so manches Erhellendes auszusagen, auch wenn sie – wie im vorliegenden Fall – zum Zeitpunkt ihres Erscheinens, nämlich 1930, bereits vollkommen obsolet waren. Trefflich demonstriert wird dies im Vorwort der fraglichen Publikation:

> Die wichtigste Etappe des sozialistischen Aufbaus in den nationalen Republiken Mittelasiens war [!] die Landreform, die zu unterschiedlichen Zeiten in Uzbekistan, Turkmenistan und Kirgizstan durchgeführt wurde. Unter den Bedingungen Mittelasiens hat sich die Agrarrevolution etwas verspätet – die Landreform hatte die Voraussetzungen zum Übergang von feudal-leibeigenschaftlichen [Gesellschafts]beziehungen zum sozialistischen Aufbau geschaffen.
> In der Tadschikischen SSR, einer der zurückgebliebensten Republiken Mittelasiens, wurde die Landreform aus einer ganzen Reihe von Gründen nicht durchgeführt. Teilweise wurde [mittlerweile] die Frage der Bodenbeziehungen in dieser Republik in Verbindung mit der Flurbereinigung und dem Kolchosaufbau gelöst. Aber es versteht sich von selbst, daß die teilweise Lösung des Problems auf keinerlei Art und Weise die Frage der Bodenbeziehungen in der Tadschikischen SSR als ganzes von der Tagesordnung streicht.[64]

Was sich an dieser Stelle mit verhaltensten Worten, aber immerhin doch ausgedrückt findet, war: Über Tadschikistan, – das gerade mit viel Pomp zur siebten Unionsrepublik der UdSSR gekürt worden war –,[65] und über Mittelasien war eine Katastrophe ohne Beispiel hereingebrochen – die (Zwangs)kollektivierung. Und dies ging – dank des systemkonformen Funktionierens des Mittelasienbüros und der ihm unter- und beige-

---

[64] Karp, *Materialy k voprosu o zemel'nych otnošenijach v Tadžikistane* 5.
[65] Vgl. o. Anm. 42.

ordneten (z. B. OGPU) Organe – dann selbst in Tadschikistan recht flott voran.

Der voranstehend beschriebene Anschein einer Art Beschwichtigungspolitik unter der scheinbaren Ägide des Mittelasienbüros, verlor sich postwendend mit den politischen Entwicklungen in der Frage der Kollektivierung und Entkulakisierung zur Jahreswende 1929/30. Bereits Dezember 1929 wies die II. Mittelasiatische Parteiberatung die mittelasiatischen Republiken an, das Tempo der Kollektivierung in den anderen Gebieten der UdSSR „einzuholen und zu überholen".[66] Die Ausgangsposition hierfür war gewissermaßen nicht schlecht. Selbst das anerkanntermaßen „zurückgebliebene" Tadschikistan, wo sich bis 1928 nur zwei Kolchosen finden ließen – die überdies auch noch spontan und nicht organisiert eingerichtet worden waren –[67] konnte zu Herbst 1929 bereits mit 132 „Kolchosen" aufwarten.[68] Auch in der Frage der Entkulakisierung war schon Vorarbeit geleistet worden, die bemerkenswerterweise in einem Bericht über die Lage im Kreis Chodžent für 1929 unter der Rubrik „Vorliquidierung" (dolikvidacija) abgehandelt wurde.[69] Und so konnte die Entkulakisierung eines Teils der Bauernwirtschaften, die im Zuge der Getreidebeschaf-

---

[66] Vgl. Ivnickij, op. cit. 32; aus ibid., S. 33, geht hervor, daß die Planung des Volkskommissariats für Landwirtschaft nun vorsah, daß bis Herbst 1930 die mittelasiatischen Republiken zu 30% kollektiviert sein sollten, und bis Ende des Fünfjahresplans (1933) zu 75%.

[67] Vgl. AKPT: f. 1, op. 1, d. 858, l. 57 (im „Bericht Nr. 2 der Informationsabteilung beim ObKom der KP(b) Uzbekistans in der Tadschikischen ASSR" für Mai-Juni 1928).

[68] Vgl. AKPT: f. 1, op. 1, d. 1456, l. 3 (im Bericht des Leiters des Kolchoszentrums, des Genossen Kvačev, über den Zustand der Kolchosen und anstehende Maßnahmen zum Kolchosaufbau in der Tadschikischen ASSR für 1929); bei diesen Kolchosen handelte es sich – laut Bericht – um „129 landwirtschaftliche Genossenschaften" (artel'; wurde als Übergangsform zur Kommune betrachtet), „3 Genossenschaften" (im Text: tovariščestvo, gemeint ist wohl die tovariščestvo po sovmestnoj obrabotke zemli, kurz: TOZ, „Genossenschaft zur gemeinschaftlichen Bodenbearbeitung"), und „0 landwirtschaftliche Kommunen" (mit voller Vergesellschaftlichung des Besitzes).

[69] Vgl. AKPT: f. 1, op. 1, d. 1431, l. 18 ff. – Ḩuǧand (Nordtadschikistan) gehörte bis Herbst 1929 zur Uzbekischen SSR und wurde dann Tadschikistan im Zuge seiner Erhebung zur Unionsrepublik angeschlossen).

fung und der Steuerkampagne von Herbst 1929 vorgenommen wurde, Anfang 1930 nahtlos in die „Liquidierung des Kulakentums als Klasse" übergeleitet werden.

Am 26. Januar 1930 erklärte ein Beschluß des Mittelasienbüros 18 Bezirke Uzbekistans, acht Turkmenistans, sechs Kirgizstans und vier Tadschikistans zu Gebieten kompakter Kollektivierung. Gleich darauf – noch vor dem entsprechenden Politbürobeschluß vom 30. Januar! – folgte:

> Die Verwirklichung der Aufgabe der Liquidierung des Kulakentums als Klasse muß auf der Basis größter Aktivität und unmittelbarer Teilnahme der breiten Landarbeiter und Kleinbauernmassen stattfinden.[70] Sie muß dazu führen, daß die ausbeuterischen Kulaken-Baj-Elemente [ihres] Bodens, der Geräte und der Produktionsmittel beraubt werden.[71]

Des weiteren wurde in diesem Beschluß des Mittelasienbüros erklärt, daß er alle individuell besteuerten Bauernwirtschaften beträfe, sowie diejenigen, die wegen ausbeuterischen Wirtschaftens des Wahlrechts beraubt worden seien.[72] Bei diesen Bauern sei alles zu konfiszieren.

> Bösartige, die aktiv gegen die Kollektivierung auftreten, sind strafrechtlich zur Verantwortung zu ziehen. Die übrigen Kategorien von Kulakenwirtschaften können Landparzellen gemäß der Werktätigennorm zur Verfügung gestellt werden, in Gebieten nicht bewässerter Ländereien oder auf Bewässerungsländereien schlechtester Qualität außerhalb der Grenzen der Gebiete kompakter Kollektivierung, bei denen [darüber hinaus] nicht vorgesehen ist, sie im laufenden Jahr unter Baumwolle zu nehmen.[73]

Die Entkulakisierten sollten auf den ihnen zugewiesenen Böden – praktisch gesehen – als Landarbeiter für den Staat tätig sein,

---

[70] Hier schlug die große Stunde des *sojuz* »Košči« bzw. »Džuftgaron« (vgl. o. Anm. 56).

[71] Zit. bei Ivnickij, *op. cit.* 125, wo der Beschluß auf den 28. Januar datiert wird; S. 109 ist die Rede davon, daß das Mittelasienbüro am 27. Januar den Beschluß gefaßt hätte, das Kulakentum zu liquidieren.

[72] Diese beiden Gruppen waren natürlich leicht zu identifizieren, da sie listenmäßig erfaßt waren (zu der Frage der *lišency* – (des Wahlrechts) „Beraubte" – vgl. auch u. in der Übersetzung Anm. 18).

[73] *Loc. cit.* – Die Förderung und Ausweitung des Baumwollanbaus war von erstranger Bedeutung; überdies war die Lage in den Baumwollgebieten angespannt, da in sie – zumindest in Tadschikistan – massenhaft Bevölkerungsteile aus „ertragsarmen" oder „übervölkerten" Regionen umgesiedelt worden waren und wurden.

indem ihnen das Saatgut zugeteilt werden sollte und sie die Ernte zu übergeben hatten. Aber immerhin:

> In besonderen Fällen – um dies erfüllen [zu können] – ist es für zulässig zu halten, [ihnen] Arbeitsvieh und leichtes landwirtschaftliches Inventar zu belassen, nicht höher als [im Maße des] für die Erfordernisse werktätiger Landnutzung [angemessenen].[74]

Nachdem diese Beschlüsse gefaßt worden waren, fragte das Mittelasienbüro am 30. Januar telegraphisch beim Politbüro um dessen Zustimmung zur kompakten Kollektivierung und zur Liquidierung der Kulaken in den entsprechenden Gebieten an. Die Antwort kam am selben Tag:

> Die Übertragung des beschleunigten Tempos der Kollektivierung vom Zentrum der UdSSR auf Gebiete Mittelasiens ist für unbegründet zu halten. [In Mittelasien] ist eine sorgfältige Berücksichtigung der spezifischen Bedingungen dieser Gebiete, insbesondere Tadschikistans erforderlich. Nehmen Sie diese Warnung ernst und bringen Sie die Angelegenheit der Kollektivierung im Maße einer tatsächlichen Hinzuziehung der Massen voran.[75]

Da war das Mittelasienbüro in die Stalinsche Falle gelaufen. Aber bremsen ließ sich das, was es bereits ins Rollen gebracht hatte, nicht mehr. Die Kollektivierung sollte ja auch gar nicht wirklich aufgehalten werden – wie das Telegramm des Politbüros mit seiner pharisäischen Warnung zum Ausdruck brachte. Lediglich die Verantwortlichkeit für die Folgen der Kollektivierung und Entkulakisierung war nun erfolgreich auf das Mittelasienbüro abgewälzt.

Und so erreichte der Kollektivierungsgrad – zumindest auf dem Papier – am 20. Februar in Uzbekistan 26,7%, in Kirgizstan 25,4%, in Turkmenistan 38%; am 1. März erreichte er in Uzbekistan 45,5%, in Kirgizstan 49,8%, in Turkmenistan 36,7% (dort war er also bereits wieder rückläufig).[76] Wie in den übrigen Gebieten der Sowjetunion setzte auch in Mittelasien bis Sommer 1930 ein scharfer Rückgang der Kollektivierungsquote ein: in Uzbekistan auf 27,1%, in Kirgizstan auf 29,1%, in Turk-

---

[74] Zit. bei Ivnickij, *op. cit.* 125 f.
[75] Zit. bei Ivnickij, *op. cit.* 84.
[76] Vgl. Ivnickij, *op. cit.* 86; für Tadschikistan nennt er keine Zahlen (vielleicht war es bei der zentralen statistischen Erfassung noch unter Uzbekistan eingeschlossen).

menistan auf 22,8%, und das Schlußlicht bildete Tadschikistan mit 13,3%.[77]

Einem umfangreichen „Überblick zum politisch-ökonomischen Zustand der Tadschikischen Republik, 1929-1930", der die Verhältnisse gewißlich schönredet, da er in allen Bereichen nur erhebliches Wachstum und Fortschritt zu konstatieren weiß, ist zur Frage der Kollektivierung zu entnehmen:

> Im vergangenen [Wirtschafts]jahr [1928/29] nahm der Kolchosaufbau einen spontanen Verlauf außerhalb des organisatorischen Einflusses des Volkskommissariats für Landwirtschaft. Dies mußte sich auf ihre [der Kolchosen] Stabilität auswirken und mußte sich in ihrer Qualität ausdrücken. Ungeachtet der günstigen Bedingungen für die Entwicklung des Kolchosaufbaus – Maßnahmen der Regierung auf der Linie der Kredit[vergabe], der Flurbereinigung, der Steuerpolitik u. ä. – stellten die Kolchosen schwächliche Organisationen dar, die nicht nur unfähig waren, ihren Einfluß auf die umgebende Bauernmasse auszuweiten, sondern sogar [unfähig waren,] innerhalb ihres [Kolchos] die [Bauern]wirtschaft[en] zu reorganisieren.
>
> In diesem Jahr [1929/30] zeugt der Zustand und die Entwicklung des Kolchosaufbaus – ungeachtet der [dabei] zugelassenen Fehler und Abweichungen von der Parteilinie – von einem bedeutenden Umschwung. Wenn 1928/29 [noch] insgesamt [nur] 2.888 Wirtschaften oder 1,5% der Gesamtmenge an Wirtschaften zu Kolchosen herangezogen wurden, so war für 1929/30 vorgesehen, 27.942 Wirtschaften oder 13,8% aller Wirtschaften heranzuziehen. Vom vorgenommenen Plan wurden – laut Daten des Kolchoszentrums für den 10. Mai 1930 – 28.165 Wirtschaften [zu Kolchosen] vereinigt, was schon 13,9% aller Wirtschaften ausmacht.[78]

Der Verfasser dieses Berichts verrichtete seine Arbeit offensichtlich pünktlich und gewissenhaft...

Ebensowenig wie die Kollektivierung war die Entkulakisierung noch zu bremsen. Dabei setzte sich das, was dem Mittelasienbüro am 30. Januar von Seiten des Politbüros widerfahren war, im Blitzableiterprinzip nach unten fort. Am 3. Februar erhielt der Erste Sekretär des ZK der KP Tadschikistans, Gusejnov,[79] vom Sekretär des Mittelasienbüros, Zelenskij, einen

---

[77] Vgl. Ivnickij, *op. cit.* 99 f.

[78] AKPT: f. 1, op. 1, d. 1205, l. 39.

[79] Der Azerbeidschaner Mīrzā Dāvud Bāqir-uġlī Ḥusainov (geb. 1894 in Baku – lebte bis 1938) war mit der Erhebung Tadschikistans zur Unionsrepublik zum Ersten Sekretär des neueingerichteten ZK der KP(b) Tadschikistans bestellt worden. Er versah diesen Posten 1930-33, d. h. während der „heißen Phase" der

Beschluß dieses Organs übermittelt, worin es zwar einerseits hieß, daß „noch einmal der freiwillige Charakter des Kolchosaufbaus zu erklären" sei, aber andererseits wurden darin genaue Anweisungen gegeben, wie die Kulaken außerhalb der Gebiete kompakter Kollektivierung möglichst wirkungsvoll zu entkulakisieren seien. Dabei war beispielsweise vorgesehen, sie gewissermaßen in den Dienst der Kolchosen zu stellen, indem sie jenen ihr Arbeitsvieh, das über den eigenen Bedarf hinaus in ihrem Besitz war, zu 100% zur Verfügung stellen sollten.

Zur Entkulakisierung in den Gebieten dichter Kollektivierung führte dieser Beschluß des Mittelasienbüros vom 3. Februar unter anderem aus, daß

> das bei den Kulakenwirtschaften konfiszierte Arbeitsvieh in das unteilbare Kapital der Kolchosen zu übergeben ist.
> 6. Falls die [für die Unterbringung nötigen] öffentlichen Gebäude für das Futter und das Vieh fehlen, das bei den Baj-Kulaken-Elementen konfisziert wurde, so wird das Vieh unter den Mitgliedern der Kolchosen zum verspeisen aufgeteilt.[80]

Hinsichtlich der Mittelbauern wies der fragliche Beschluß unter anderem an, daß ein Aktiv zu organisieren sei, welches diesen Bauern die „Schädlichkeit der Abschlachtung und des Verkaufs von Arbeitsvieh erklärt".[81]

Gleichfalls am 3. Februar, nachdem er Zelenskijs Mitteilung über den Beschluß des Mittelasienbüros erhalten hatte, übermittelte der Erste Sekretär des ZK der KP Tadschikistans,

---

Kollektivierung und „Industrialisierung" Tadschikistans. Zuvor war Husainov seit Februar 1920 im ZK der Azerbeidschanischen KP, 1922 im Volkskommissariat für Nationalitäten (also unter Stalin) tätig, und 1923-1929 hielt er den Posten eines Stellvertretenden Vorsitzenden des Rats der Volkskommissare der Transkaukasischen Föderativen Sowjetrepublik besetzt (vgl. *Za narodnoe delo* 27 ff.).

[80] AKPT: f. 3, op. 1, d. 155, l. 3 (Aufzeichnung über Direktleitung).

[81] Loc. cit. – In dieser Aussage deutet sich an, daß auch den Mittelbauern ihr „überschüssiges" Arbeitsvieh entzogen wurde, oder sie dies zumindest befürchteten, und es somit vorzogen, sich ihres Viehs und der damit verbundenen Gefahr entkulakisiert zu werden, zu entledigen. Im nachfolgend übersetzten OGPU-Bericht zur „Ländlichen Konterrevolution" wird diese Art von „Schädlingstätigkeit" mehrfach erwähnt.

Gusejnov, dem Parteisekretär des Kreiskomitees von Chodžent, Chodžijarov,[82] unter anderem folgendes:

> 2. Repressive Maßnahmen sind nur gegenüber den bösartigen, – ich wiederhole: bösartigen, wohlhabenden Baj-Wirtschaften zuzulassen. [Dies] auf klein- oder mittelbäuerliche Wirtschaften auszuweiten, ist keinesfalls zuzulassen.
> 3. Angesichts der Fälle von Repressionen in Bezug auf Mittel- und Kleinbauern, die es in Ihrem Kreis während der Realisierung der Baumwolle gegeben hat, und auch [angesichts] der Fälle, als Repressionen zum Zwekke der Entkulakisierung angewandt wurden, [schlage ich Ihnen vor], unverzüglich die[se] Fehler auf dem Wege einer nochmaligen Durchsicht der Gerichtsurteile zu korrigieren.
> Über die ergriffenen Maßnahmen haben Sie uns zu informieren.[83]

Um etwaige Zweifel daran zu mindern, ob sich Gusejnov nun anscheinend als ein kleiner Stalin verstand oder nicht – vielleicht war er ja einfach ein unbewußter Vollzugsgehilfe – sei noch etwas aus einem Brief von ihm zitiert, den er am 15. März an Chodžijarov schickte:

> Indem ich die Gelegenheit nutze, daß die GPU zu euch[84] einen Mitarbeiter im Flugzeug abkommandiert, schreibe ich einige Fragen.
> [... ...]
> 3. Wie läuft die Kollektivierung? Was geht in Nau vor sich? Heute habe ich ein Telegramm von Masaidov[85] erhalten, daß unter dem Einfluß der Ura-Tjubinsker[86] schon am 7. März im Kolchos Kurkat ein Auftritt der Bauern stattgefunden hat, und danach gab es ebensolche Auftritte in den Kolchosen von Kurgan, Kentigerman, Kučkak, und zwei Tage später in Saidkurgan, und am Zwölften [März] in Gulja-Kandar. Es zeigt sich, daß sich schon eine ganze Reihe von Kolchosen aufgelöst hat.[87]

---

[82] Zur Person Ḥāǧǧīyārovs liegen mir keine weiteren Angaben vor.

[83] AKPT: f. 3, op. 1, d. 163, l. 1 (Aufzeichnung über Direktleitung).

[84] Der Brief ist zugleich an einen gewissen Bludau gerichtet, der wohl der „zweite Mann", europäisch-russischer Provenienz, an der Seite von Ḥāǧǧīyārov war.

[85] Zu Masaidov (= Muḥammad Saʿīd(ov)) ist mir lediglich bekannt, daß er Mitte 1929 Mitglied oder Kandidat des Exekutivkomitees des tadschikischen ObKoms der KP(b) Uzbekistans war (vgl. AKPT: f.1, op. 1, d. 1180, l. 2 (Protokoll dieses Organs vom 24. 6. 1929)).

[86] Gemeint sind entweder Leute aus oder die (aufständische?) Bevölkerung von Ūrāteppa, einer Bezirkshauptstadt im Süden des Herbst 1929 an Tadschikistan angeschlossenen Kreises Ḫuǧand (letzterer trägt dann von 1936 bis heute die Bezeichnung Leninābād-*oblastʹ*, dessen Hauptstadt mittlerweile wieder in Ḫuǧand rückbenannt wurde).

[87] AKPT: f. 3, op. 1, d.177, l. 3.

Im weiteren Verlauf seines Briefes bedauerte Gusejnov, daß darüber keine Informationen eingingen, nicht im ZK, ja nicht einmal bei der OGPU, und schloß ab:

> Wir haben euch schon bei der Sache mit der kompakten Kollektivierung (eure Entscheidung[!]) vor Augen gestellt, daß es bald schlechter wird. Ich erwarte kurze Mitteilungen über die Situation mit den Kolchosen, über die Stimmungen der Bauern und über eure Maßnahmen, und außerdem eine Erklärung über die Gründe [eures] Schweigens.
> Mit kommunistischem Gruß, Gusejnov.[88]

Ebenso wie sich Gusejnov von den Unruhen in Tadschikistan distanzierte, versuchte auch der Sekretär des Mittelasienbüros, Zelenskij, von den Problemen mit der Bevölkerung in Mittelasien, die infolge der Kollektivierung und Entkulakisierung auftraten, Abstand zu halten. In einem Brief an Kaganovič[89] vom 5. April 1930 hielt Zelenskij fest, daß es im Frühjahr in Mittelasien 190 bäuerliche Massenaufstände gegeben habe, an denen 74.592 Menschen teilgenommen hätten. Im Verlaufe dieser Unruhen seien 70 Partei- und Sowjetfunktionäre in Mitleidenschaft gezogen, 25 getötet worden. Bei der Niederschlagung der Bauernaufstände seien 2.500 Personen verhaftet worden.[90] – Zelenskijs Rechtfertigung dessen, was hierzu geführt hatte, lautete:

> Doch der Prozeß der Kollektivierung verlief unnötig schnell, ohne eine Erörterung mit den Massen, ohne Vorbereitung[sarbeit] unter den Massen, unter Anwendung jener administrativen Verunstaltungen, die dem ZK aus den Sammelberichten und Meldungen bekannt sind.[91]

Auch hier – gemessen an den vorangegangenen Direktiven des Mittelasienbüros – so etwas wie ein kleiner Stalin! „Unnötig schnell"? – Dies lenkt den Blick auf die Grundlagen zur Entfaltung der Kollektivierungs- und Entkulakisierungskampagne, von denen ich zu einer, nämlich der Klasseneinteilung auf dem

---

[88] *Loc. cit.*

[89] Lazar Moiseevič Kaganovič (1893-1991) war zum fraglichen Zeitpunkt entweder schon Mitglied des Politbüro oder gerade auf dem Sprung dazu (er war seit 1926 Kandidat zum Politbüro und hielt 1928-1939 u. a. auch den Posten des Sekretärs des ZK besetzt).

[90] Vgl. Ivnickij, *op. cit.* 158.

[91] Zit. bei Ivnickij, *op. cit.* 94.

Lande, abschließend noch etwas für Mittelasien bemerken möchte.

Führenden Funktionären in Mittelasien mangelte es im Prinzip nicht an einem Bewußtsein dessen, daß die Kopfgeburt des „Klassenkampfs auf dem Lande", die ja überdies auf Verhältnisse im europäischen Teil der Sowjetunion gemünzt war, nicht so einfach auf Mittelasien zu übertragen war. Dies belegen zum Beispiel Ausführungen, die sich in einem Brief des Verantwortlichen (Zweiten) Sekretärs des tadschikischen Organisationsbüros der KP(b) Uzbekistans, Tolpygo,[92] vom 18. Juni 1926 finden:

> 8. Noch eine letzte Frage – ernsthafte Aufmerksamkeit für ein Studium der Region (diese Sache hat starke Mängel). Wir müssen alle spezifischen sozial-ökonomischen Erscheinungen und Prozesse kennen. Wir brauchen eine soziale und ökonomische Definition der Bezirke. Wir brauchen eine politische und ökonomische Definition der einzelnen sozialen Gruppen der Bevölkerung (das Beamtentum, die Stammesführung bei den Kirgizen, die Geistlichkeit, das Bajtum, der Mittelbauer (wohlhabend), der Geringvermögende (*malomoščnyj*), der Čajriker[93] und der Pjandžiker[94]) – Wandlungen, neue Erscheinungen, [Klassen]spaltungen. Wir müssen wissen, worin sich die Klassenspaltung ausdrückt und wodurch sie sich beweist, [wir müssen] die politische Aktivität dieser oder jener Gruppe [kennen] (Ursachen) – Schismen, Vereinigungen. Wir müssen der Geistlichkeit, dem Beamtentum, dem Baj, dem Mittelbauern, dem Kulaken eine ökonomische Definition geben, Zahlen- und Prozentrelationen zwischen ihnen. Außerdem [brauchen] wir einen Zahlenausdruck für gut und schlecht geeignete Böden, tauglich zur Bearbeitung, bearbeitet, besät,

---

[92] Zu Boris Vjačeslavovič Tolpygo (1893-1937) vgl. z. B. *Za narodnoe delo* 72 ff. Bemerkenswert ist im gegebenen Zusammenhang, daß Tolpygo 1927 auf den Posten des Sekretärs des Mittelasiatischen Wirtschaftsrats wechselte und dann offensichtlich ein Karriereknick eintrat, denn er besetzte in der Folge bis 1930 den Posten eines Stellvertretenden Vorsitzenden des Taschkenter Kreisexekutivkomitees, und 1930-1936 war er Stellvertretender Vorsitzender des Rats der Volkskommissare in Turkmenistan. – Der Erste Parteisekretär des tadschikischen OrgBüros war zum fraglichen Zeitpunkt Činār Imām(ov) (1898-1939; zu ihm vgl. z. B. ĖST II, 568).

[93] Von Persisch *č(ah)ār-yak-kār*, „Viertelsarbeit", für einen Teilbauern (Pächter) im Sektor des Trockenfeldbaus (zur Frage des Pachtsystems vgl. o. Anm. 58).

[94] Von Persisch *pang-yak-kār*, „Fünftelsarbeit", für einen Teilbauern (Pächter) im Sektor des Bewässerungsfeldbaus, wo zu den vier Anteilen (Arbeit, Boden, Saatgut, Arbeitsvieh) noch als fünfter das Wasser hinzukommt.

Bruttoernte und wie sie [die Ernte] sich auf Aussat und Produktion in Zahlen- und Prozentrelationen zu den genannten sozialen Gruppen der Bevölkerung verteilt. Zu guter Letzt, Formen des Landbesitzes und der Landnutzung (einem privaten Besitzer gehörig, Einzel-, Gesellschafts-, Gemeinde[ländereien]), die Frage von verstreut liegendem Ackerland oder von Einzelgehöften, der Parzellenordnung, der Neuverteilungen [im Gemeinbesitz befindlichen Landes]. Was für eine Frist (oder ständige Nutzung).[95]

Der Brief Tolpygos war an den Ersten und den Zweiten Parteisekretär Uzbekistans, Ikramov und Ivanov gerichtet.[96] Mit seiner Forderung nach einer exakten oder gar „zutreffenden" Lösung des Problems der Klasseneinteilung und -spaltung in Mittelasien könnte Tolpygo zumindest bei Ivanov auf ein offenes Ohr gestoßen sein, denn letzterer führte beispielsweise fünf Monate später auf dem „II. Erweiterten Plenum des Organisationsbüros der KP(b) Uzbekistans in der Tadschikischen ASSR" (27. 11. – 1. 12. 1926) aus:

Bei euch [in Tadschikistan] gibt es Hitzköpfe, welche die Frage danach stellen, daß die Hauptfigur in eurem unteren Sowjetapparat der Landarbeiter sein muß. Laßt euch nicht fortreissen! Unter euren Bedingungen ist dies eine leere Phrase. Wenn ihr anfangt vom Landarbeiter zu reden, dann wird man euch auf dem Dorf nicht verstehen. Der Landarbeiter als solcher hat seine Klasseninteressen noch nicht erkannt, er wird sich nicht vom Baj trennen. Nicht umsonst haben bei euch die Kleinbauern den verteilten Saatgutkredit nicht genommen. Sie haben sich solange davor gefürchtet, ihn zu nehmen, wie die Bajs nicht selbst anfingen, ihn zu nehmen. Dies beweist, daß die [Klassen]differenzierung auf dem Lande außerordentlich schwach ist. In einer solchen Situation die Parole „Hoch lebe der Sowjet der Kleinbauern und Landarbeiter" fallen zu lassen, bedeutet, den größten politischen Fehler zu begehen, [nämlich] in die linke Kinderei zu verfallen.[97]

---

[95] AKPT: f. 1, op. 1, d. 285, l. 26 f.

[96] Insbesondere an Vladimir Ivanovič Ivanov (zu ihm sind mir keine weiteren biographischen Daten greifbar) pflegte Tolpygo regelmäßig Briefe zu schreiben. – Zu Akmal Ikrām(ov) (1898-1938) vgl. z. B. *Revoljucionery, vožaki mass* 385 ff.).

[97] AKPT: f. 1, op. 1, d. 220, l. 78 f. (Stenogramm). – „Linke Kinderei" ist eine Anspielung auf Lenins im Mai 1918 erschienene Schrift „Über die »linke« Kinderei und die Kleinbürgerlichkeit", die sich gegen „überzogene" Forderungen „linker Kommunisten" in der Partei richtete (z. B. ihre Kritik an dem unvorteilhaften Friedensschluß von Brest-Litovsk, oder die Forderung nach einer „entschlossenen Vergesellschaftlichung" des Besitzes der Bourgeoisie und des Kleinbürgertums (anstelle der laufenden „Nationalisierung und Konfiskationen"

Auf demselben Plenum äußerte sich auch der Leiter der Politverwaltung des Mittelasiatischen Militärkreises, Kuz'min,[98] der offenbar meinte, eine klare Vorstellung von den ländlichen Klassenverhältnissen in Tadschikistan haben zu können:

> Tadschikistan ist im großen und ganzen ein Land mittelbäuerlicher Wirtschaft, dabei gibt es aber auch in Tadschikistan eine bedeutende Anzahl von Kleinbauern, obendrein mit einem solch scharfen Landmangel, daß die Bevölkerung zur Saisonarbeit weggeht – das gibt es [zum Beispiel] im Bezirk Garm.[99] [... ...] Die Schicht des Landarbeitertums ist [in Tadschikistan] recht unbedeutend; ebenso ist Bajtum vorhanden.[100]

An das übernommene, europäisch-russische System der Klasseneinteilung als solches rührte die Debatte auf dem II. Erweiterten Plenum von Ende November 1926 natürlich nicht. Einigkeit herrschte auch weitgehend darüber, daß von einer Klassendifferenzierung oder -spaltung in Tadschikistan noch nicht viel zu bemerken wäre. Die Geister schieden sich lediglich an der einen Frage – und zwar erheblich –, wie sich denn nun die Landbevölkerung Tadschikistans auf die vorgegebenen Klassen verteilte. Deutlich geht dies zum Beispiel aus den Ausführungen des Ersten Sekretärs der KP(b) Uzbekistans, Ikramov, hervor, dessen Vorstellungen – jenseits ihrer scharfmacherischen ideologischen Prägung – offensichtlich weniger nebulös als die Kuz'mins waren:

> Einige Genossen haben gesagt, daß das Bajtum während des Kampfes mit dem Basmatschitum ausgestorben, kleinbäuerlich gemacht worden sei, und deshalb gäbe es bei uns keinerlei Klassenantagonismus, und daß auf dem Dorf alle auf ein Maß zurechtgestutzt seien, sowohl die Bajs als auch die Mittelbauern.[101] Wir hatten sie [erst einmal nur] an der Gurgel ge

---

von (groß)kapitalistischen Einrichtungen)).

[98] Zur Person Kuz'mins verfüge ich über keine weiteren Angaben.

[99] In der Tat, männliche Familienangehörige aus der Bevölkerung dieser landwirtschaftlich relativ ertragsarmen Region pflegten schon seit vorrevolutionären Zeiten zur Saisonarbeit ins benachbarte Becken von Farġāna zu migrieren. Die Sowjetmacht beseitigte dieses „Problem" dann durch eine Umsiedlung nicht unerheblicher Teile der Bevölkerung von Garm (die ehem. Statthalterschaft Qarātigīn des Emirats von Buchara) in die Baumwollanbaugebiete Südtadschikistans (die Garmī-Dörfer dort wurden vom tadschikischen Bürgerkrieg 1992 am gröbsten in Mitleidenschaft gezogen).

[100] AKPT: f. 1, op. 1, d. 220, l. 180.

[101] Diese Argumentation war wahrscheinlich gar nicht so abwegig, wie sie hier von Ikrāmov hingestellt wird, denn die Landwirtschaft Tadschikistans war

packt. Aber jetzt haben wir sie erschlagen und eine ganze Reihe von Maßnahmen gegen sie durchgeführt – militärischen, strafmäßigen und ökonomischen Charakters.[102] Aber wenn wir sie auch erschlagen haben, so haben sie doch auch andere Methoden des Auftretens gegen uns, nicht nur Methoden des bewaffneten Kampfs. [......] Genosse Ivanov sagt, daß man den Landarbeiter in Tadschikistan mit dem Mikroskop suchen müßte, Genosse Ašurov[103] aber sagt, daß es eine ganze Reihe von Landarbeitern gäbe, die nach Fergana [zur Saisonarbeit] gingen, und daß es unter ihnen qualifizierte Arbeiter gäbe. Qualifizierte Arbeiter?, – das ist der Landarbeiter nicht. Wer auf seinem kleinen Fetzchen Land arbeitet, der ist kein Landarbeiter, sondern ein Kleinbauer[104]. Wenn er auf Saisonarbeit geht, dann ist das kein Landarbeiter. Wenn er in Ura-Tjube, Pendžikent oder Garm sitzen würde und es dort mehr große Bajs gäbe, bei denen er ständig arbeiten würde, dann könnten wir ihn für einen Landarbeiter halten.[105]

Im weiteren Verlauf seines Redebeitrags steuerte Ikramov auf eine Kritik an der Rückständigkeit Tadschikistans und seiner unteren Partei- und Sowjetorgane in Fragen der Mobilisierung der Landarbeiter und Kleinbauern zu. Eine Kritik, die der aktuell angesagten politischen Linie entsprach, und dementsprechend auch von Tolpygo vor dem fraglichen Plenum vertreten wurde:

Genosse N. Maksum[106] und ich sind lebendige Zeugen dessen, daß man in einigen Gegenden den Landarbeitern vorschlug, das Getreide [von den Bajs] einzufordern, und sie haben es nicht eingefordert. Ein andermal wollte man den Kleinbauern Baj-Ländereien und einen Kredit geben, was sie auch nicht annahmen. Die Landarbeiter sind vereinzelt, nicht formiert

---

durch die jahrelangen Auseinandersetzungen mit den Basmatschis in einschlägigen Regionen weitgehend ruiniert und die Bauern entsprechend verarmt. Dabei ist auch an die Praxis des Requirierens von Futter und Nahrungsmitteln zu denken, – nicht nur durch die Basmatschis, sondern auch durch Rotarmee-Einheiten.

[102] Die Rede ist hier offensichtlich von der tatsächlich relativ erfolgreichen „Stoßkampagne" gegen die Basmatschis, die in Tadschikistan 1926 stattfand (ein wenig hierzu bei Eisener, *Vom Nutzen und Nachteil* 603 ff.).

[103] Zu Ūrunbāy ʿAšūr(ov) (1903-1939) – er war zum fraglichen Zeitpunkt Verantwortlicher Sekretär des Stadtkomitees der KP(b) Uzbekistans in Farġāna (vor der Revolution: Skobelev) – vgl. z. B. ĖST I, 327.

[104] Im Text *bednjak-dechkanin* (letzteres von Persisch *dihqān* – „Bauer").

[105] AKPT: f. 1, op. 1, d. 220, l. 189 f.

[106] Zu Nuṣratullāh Maḥṣūm Luṭfullāh(ev) (1881-1938; *maḥṣūm* steht gleichbedeutend mit *maḫdūm* für Nachkommen von hochrangigen religiösen Würdenträgern) – er war zum fraglichen Zeitpunkt Vorsitzender des ZEK Tadschikistans – vgl. Masov/Sultonov, *Nusratullo Machsum* 123 ff.

und sind sich ihrer selbst als einer sozialen Gruppe nicht bewußt. Stellt der Landarbeiter eine Stütze von uns dar? Natürlich nicht. Er bezeigt derzeit [noch] keinerlei politische Aktivität und Kräfte [......].[107]
[......]
Unser Einsatz heute ist der Mittelbauer. Unser Kurs [ist] auf die Formierung der Kleinbauern und Landarbeiter gerichtet. Unsere soziale Basis ist die werktätige Bauernschaft. Unsere Linie ist: a) hin zum geschäftigen, massenhaften, rechtschaffenen, aktiven Bauernsowjet; b) hin zur Isolierung des Bajtums, des Beamtentums und der Geistlichkeit aus den Sowjets [= Räten].[108]

Die Schußrichtung war klar, auch wenn das Ziel noch einer näheren Beschreibung bedurfte. Eine solche lieferte dann unmittelbar im Anschluß an das II. Erweiterte Parteiplenum am 1. Dezember 1926 der Vorsitzende des ZEK Tadschikistans, Nusratulla Maksum, in seiner Rede auf dem I. Rätekongreß der Tadschikischen ASSR. Darin bemerkte er unter anderem:

Jetzt zum Bajtum: Unter Bajtum verstehen wir eine solche Schicht von Leuten und Wirtschaften, – wie ja schon vorher dargelegt wurde –, die nicht von der eigenen, sondern von Lohnarbeit leben, und aus dieser Lohnarbeit Vorteile [für sich] herauspressen. Hierzu gehören auch die Manapen[109] und alle Ausbeuter, die selbst nicht werktätig sind. Hiermit darf nicht der **selbständige Bauer vermengt werden, der eine große, intakte Wirtschaft besitzt, und der im allgemeinen satt lebt, – wenn er persönlich in seiner Wirtschaft arbeitet, seine Familie werktätig ist und arbeitet, oder wenn er selbst nicht [mit allem] fertig wird, vorübergehend saisonweise ein-zwei Landarbeiter einlädt. Das ist einfach ein Mittelbauer, ein intakter [Land]wirt.** Wir wollen, daß alle

---

[107] AKPT: f. 1, op. 1, d. 220, l. 193.
[108] AKPT: f. 1, op. 1, d. 220, l. 200.
[109] Kirgizisch *manap*; an dieser Stelle scheint durch, daß wohl erst kürzlich entschieden worden war, die *manap*en gleichermaßen wie die *baj*s der Klasse der Kulaken zuzuordnen; *manap* beschreibt aber einen ganz andersgearteten Personenkreis, wie sogar noch das sowjetische Kirgizisch-Russische Wörterbuch verrät, wo die Redensart *manap bolsoñ, baj bolbojsuñ* angeführt wird: „Wenn du *manap* wirst, wirst du kein *baj* (Reicher) werden". *Manap*en bezeichnet Vertreter einer Art Aristokratie, die hierarchisch gewählt über dem clan-basierten Herrschaftssystem der kirgizischen Stammesgesellschaft stand. Sie waren z. B. zuständig für die Schlichtung von Streitigkeiten, für die Vertretung der Gemeinschaft nach außenhin (je nach Rang: eines Familienzweigs, einer Familie, einiger Sippen, Stämme), und ihre Stellung zeichnete sich u. a. dadurch aus, daß sie keinen privaten Besitz haben durften, sondern – wie sich tendenziöse sowjetische Beschreibungen ausdrücken – auf Kosten der von ihnen verwalteten Bevölkerung lebten.

> Bauern aus [der Schicht] der Kleinbauern und Čajriker zu Mittelbauern gemacht werden, zu intakten, selbständigen [Land]wirten, und wir werden dies vermittels „Košči"[110] und der Kooperative erreichen. Wir haben [bislang] keine Bajs (Kulaken) vernichtet oder erschossen, und wir haben auch nicht vor, dies zu tun. [... ...] In „Košči" und die Kooperative lassen wir ihn [den Baj] nicht rein, dort hat er nichts zu suchen. [... ...] Wir werden [ihm] nicht das wegnehmen, was er hat. Wir werden von ihm mehr Steuer nehmen. Wir werden ihn zwingen, die Arbeiter, Landarbeiter und Čajriker, die er mietet [sic!][111], zu bezahlen, und zwar nicht nur mit soviel wie er zahlt, sondern mit soviel wie sie verdienen. Wir erklären dem Bajtum nicht den Kampf, unsere Politik ihm gegenüber ist genauso wie gegenüber dem [Emir]beamten: wenn er aufrichtig unsere Gesetze einhalten wird und die werktätigen Massen nicht [dabei] stören wird, ihren Staat aufzubauen, wenn er der Sowjetmacht gegenüber loyal ist, – dann kann er sogar bei uns arbeiten.
> [... ...]
> Die Frage des Besitzes und des Eigentumsrechts – hier gibt es auch viel Unsinn und Gerüchte. Den Privatbesitz (der nicht auf Ausbeutung basiert)[112] haben wir nicht und werden wir nicht negieren, und deshalb [gilt]: was ein jeder besitzt, das ist Seins. Wegzunehmen und umzuverteilen hat die Sowjetmacht nicht vorgehabt und hat sie nicht vor. Das ist faule Politik: umverteilen, aufessen und [dann] am Hungertuch nagen. Solch einen Sozialismus brauchen wir nicht.[113]

Genau drei Jahre später war dieser unnötige Sozialismus da. Unabhängig davon, hatten die von 1927 bis 1929 erfolgten Bemühungen, Kleinbauern und Landarbeiter zu „intakten Mittelbauern zu machen", in Tadschikistan nicht viel gefruchtet. Dies wird beispielsweise aus einem Brief eines gewissen Gotfrid an einen gewissen Arocker vom 11. April 1928 deutlich:

> Sie fragen an, was es für „Kleinbauerngruppen" in Tadschikistan gibt? Es gibt keine einzige Kleinbauerngruppe im vollen Sinne dieses Worts in Tadschikistan (d. h. Kleinbauerngruppen bei Gesellschaftsorganisationen, beim Sowjet, der Kooperative, Genossenschaft etc.). Das, was wir in unserem Telegramm erwähnt haben, ist die Kleinbauernversammlung,

---

[110] Die „Gewerkschaft der Pflüger", vgl. o. Anm. 56.

[111] Hier wurde also blindlings das Phänomen des Mietens von landwirtschaftlichen Dienstleistungen, das in den zentralen Gebieten der UdSSR existierte, für Tadschikistan übernommen und dazuhin noch auf den Kopf gestellt (bzw. eigentlich vom Kopf auf die Beine – vgl. o. S. 12 f.).

[112] Vom Redakteur des Stenogramms eingefügter Zusatz.

[113] AKPT: f. 1, op. 1, d. 369, l. 46 ff. – Die Hervorhebungen entsprechen denen im Orginal.

welche bei der letzten Kampagne zu den Räteneuwahlen außergewöhnlich breit durchgeführt wurden, und die wir, – wie das Exekutivbüro kürzlich in seiner Resolution zu den Ergebnissen der Neuwahlkampagne bemerkt hat –, nicht gemeistert haben, weil wir nicht vermochten, sie unter die Parteiführung zu integrieren, angesichts der geringen Zahlenstärke der Parteiorganisation. Diese Kleinbauernversammlungen waren in Wirklichkeit sehr häufig [einfach] gewöhnliche Zusammenkünfte und verliefen unter der Führung von Parteilosen. Nichtsdestoweniger wurde durch diese Arbeit eine Grundlage vorbereitet, um die Kleinbauern zu organisieren und um Kleinbauerngruppen im vollen Sinne dieses Wortes (sehr vorsichtig) zu entfalten. [......] Es wäre sehr wünschenswert, vom ZK Material zu erhalten, das die Erfahrung mit Kleinbauerngruppenarbeit auf der Kreisebene in Uzbekistan zusammenfaßt, [und dies] umso mehr als in den vorhandenen Presseerzeugnissen, insbesondere in unseren mittelasiatischen, darüber fast nichts geschrieben wird. Aber gerade in diesem Bereich macht sich das Fehlen einer konkreten Führung besonders scharf bemerkbar.[114]

Das von Gotfrid gerügte „Fehlen einer konkreten Führung" ist wohl im Sinne eines Seufzers zu verstehen, der sich einer kleinen Bürokratenseele entrang. Dieser Mangel an „Führung" gestaltete sich nämlich bis zum Vorabend der (Zwangs)kollektivierung und Entkulakisierung hinreichend „konkret", um – jedenfalls auf dem Papier – eine Klassendifferenzierung und -spaltung der Bauern eintreten zu lassen. Dabei wesentlich war, daß im Rahmen der Steuerpolitik und anderer, je nachdem begünstigender oder repressiver Maßnahmen, die angesagten Kategorisierungen vorgenommen wurden. Damit waren dann die nötigen Voraussetzungen geschaffen – im Zweifelsfall an jeglicher bäuerlichen Realität vorbei.[115] Aber, wie sich nach all

---

[114] AKPT: f. 1, op. 1, d. 1120, l. 2 f.

[115] Zu solchen Kategorienbildungen außerhalb der Steuerpolitik und den Kriterien dazu vgl. z. B. eine Resolution des II. Plenums des Tadschikischen ObKom der KP(b) Uzbekistans (Oktober 1928?), worin es u. a. heißt: „Um die richtige Klassenlinie auf dem Tadschikischen Dorf durchzuführen, müssen vor allem die Punkte benannt werden, an denen die Interessen der Kleinbauern, des Landarbeitertums und des Mittelbauern mit den Interessen des Bajtums kollidieren, und [es müssen] Methoden festgelegt werden, diese Widersprüche für die Befestigung des landarbeiterlich-kleinbäuerlich-mittelbäuerlichen Blocks zu nutzen" (AKPT: f. 1, op. 1, d. 809, l. 21; ibid.: l. 22 folgt eine Aufzählung, wo solche Kollisionspunkte zu suchen seien. Nicht wenige der dort genannten Punkte fallen in den Bereich alltäglicher Konflikte, die es schon immer zwischen den Bauern und Dörfern gab (z. B. Streitigkeiten bei der Land- und

dem voranstehend Beschriebenen wohl leicht nachvollziehen läßt, waren konkrete Definitionen erstens nicht so wichtig, und zweitens ließ sich das jeweils Nötige – auf dem Papier oder sonst irgendwie – jederzeit und gegebenenfalls blitzartig nachholen. Einem Aspekt dessen, was dabei herauskam – nämlich den Ergebnissen, die auf ideologisch-politischer Basis unerwünscht waren – widmete sich die OGPU in ihren Berichten – und zwar auf ihre Weise. Damit ist der Kreis zum nachfolgend übersetzten OGPU-Bericht über die „Ländliche Konterrevolution in Mittelasien" wieder geschlossen. Anzufügen bleiben nur noch ein paar Hinweise technischer Art.

*****

Wie dem Leser an der äußeren Textgestaltung dieser Vorbemerkung schon deutlich geworden sein mag, werden im Fließtext des vorliegenden Büchleins Namen und Begriffe aus orientalischen Sprachen – sozusagen gnadenlos – in ihrer russifizierten Form aus dem Kyrillischen transliteriert. In ein paar wenigen Ausnahmen werden sie in einer Form wiedergegeben, wie sie sich im deutschen Sprachgebrauch eingebürgert hat. In den Anmerkungen werden die fraglichen Namen und Begriffe im fachspezifisch geläufigen Transskriptionssystem umschrieben, in fast allen Fällen mit einem auf „a", „i" und „u" sowie „ā", „ī", und „ū" reduzierten Vokalbestand.

Wassernutzung), und die sich dann durch Eingriffe und Maßnahmen der Sowjetmacht stark vermehrten. – Ein Beschluß des Sekretariats des Tadschikischen ObKoms vom 23. 2. 1929 äußert sich zur „Bestimmung der sozialen Merkmale klein- und mittelbäuerlicher Wirtschaften beim Kreditvergabesystem des landwirtschaftlichen Kredits". Die Ergebnisse lauten z. B.: „1. Kleinbauern: Wer Landwirtschaftssteuer bis 9 Rubel zahlt, nicht mehr als ein Arbeitstier hat, nicht mehr als 1 ha Bewässerungs- und 2 ha Trockenfeldbauland besitzt, oder 1,5 ha reines Bewässerungsland, oder 4 ha reines Trockenfeldbauland. – 2. Mittelbauern: Wer Landwirtschaftssteuer von 9 bis 39 Rubel zahlt, nicht mehr als 2 Arbeitstiere hat, nicht mehr als 2 ha Bewässerungs- und 4 ha Trockenfeldbauland besitzt, oder 3 ha reines Bewässerungsland, oder 9 ha reines Trockenfeldbauland. – 3. Außer von [diesen] äußeren Merkmalen soll sich die Tadschikische Landwirtschaftsbank von den Entscheidungen der Gesellschaftskontrolle (Kleinbauernversammlungen) leiten lassen" (AKPT: f. 1, op. 1, d. 825, l. 18).

Was die nachfolgende Übersetzung angeht, – die ebenso wie die Übersetzungen der voranstehend zitierten Dokumente „ursprachlich" orientiert ist –, so habe ich die Typographie des Orginals nach Möglichkeit beibehalten und lediglich offensichtliche Druckfehler bei Namen und von mir unübersetzt gelassenen Begriffen stillschweigend korrigiert. Notwendig oder angebracht erscheinende eigene Kommentare sind in der Form von Fußnoten der Übersetzung beigegeben. Dabei habe ich, wie auch in der Vorbemerkung, auf einen umfänglichen Belegstellenapparat und die Wiedergabe von Forschungsdebatten verzichtet, um das vorliegende Büchlein – ein *Occasional Paper!* – nicht zu überfrachten. Eigene, übersetzungstechnisch bedingte Einfügungen in den Fließtext stehen in eckigen Klammern, Auslassungen sind durch [... ...] gekennzeichnet.

Diese technischen Hinweise abschließend möchte ich noch in inhaltlicher Hinsicht zum nachfolgend übersetzten Bericht bemerken, daß er – was angesichts der Umstände seiner Entstehung auch nicht weiter verwunderlich ist – weder eine leicht goutierbare Lektüre, noch in allen Passagen gleichermaßen faktenreich und erhellend ist. Aber auch dies gehört zur Sache!

Anstatt nun zu guter Letzt all diejenigen zu nennen, denen ich auf die eine oder andere Weise bei der Herstellung dieses Büchleins zu Dank verpflichtet bin – sie werden es gewiß verstehen! – möchte ich etwas zu demjenigen anmerken, dem ich es gewidmet habe.

Bahodur Burichonov wurde 1954(?) in eine Familie geboren, die sich zweieinhalb Jahrzehnte zuvor unter dem Druck der Kollektivierung gezwungen gesehen hatte, von Konibadom (im heutigen Nordtadschikistan) nach Taschkent zu migrieren. Der Vater – 1997 hochbetagt in Taschkent gestorben – verbrachte überdies lange Jahre seines Lebens in sibirischer Lagerhaft und Verbannung.

Bahodur Burichonov, einer von fünf Söhnen, absolvierte an der Tadschikischen Staatsuniversität ein Geschichtsstudium. Anschließend lehrte er mehrere Jahre dieses Fach am Medizinischen Institut in Dušanbe. Seine Erzählungen über diese Tätigkeit bleiben mir unvergeßlich (er: „Wer war eigentlich der bucharische Emir?" – bei den Studenten: Schweigen – schließlich ein Vorwitziger: „ein Feudalist, der in Afghanistan lebte").[116]

Im Gefolge der sowjetischen Intervention in Afghanistan von 1979 war Bahodur Burichonov dort – wie damals nicht wenige junge tadschikische Geisteswissenschaftler – als Übersetzer bei der sowjetischen Armee tätig. Über diesen Einsatz, den er leiblich zumindest mit dem Verlust der Hälfte seines Gehörs beim Abschuß eines gepanzerten Fahrzeugs, in dem er sich befand, bezahlen mußte, wußte Bahodur Burichonov bemerkenswert tiefgründig und einfühlsam zu berichten.

Mit Beendung der sowjetischen Invasion in Afghanistan kehrte er – zur Gratifikation mit einem „Žiguli"[117] ausgestattet – an das Medizinische Institut in Dušanbe zurück und begann im gleichen Zuge über das Thema der Kollektivierung zu arbeiten. Als eine weitere Gratifikation für seine Tätigkeit bei der Sowjetarmee ist wohl zu betrachten, daß ihm noch im gleichen Jahr ermöglicht wurde, seinen wissenschaftlichen Interessen am Institut für Parteigeschichte in Dušanbe nachzugehen.

Dort lernte ich 1990 Bahodur Burichonov und eine kleine Gruppe von – ebenso wie er – jungen, hoffnungsvollen und engagierten tadschikischen Zeithistorikern kennen. Den Anlaß bildeten eigene Forschungen, die mich ins „Parteiarchiv der Tadschikischen Filiale des Instituts für Marxismus-Leninismus" geführt hatten. Die wissenschaftlichen Bemühungen des genannten Forschergrüppchens galten einer Aufklärung der frühsowjetischen Geschichte Tadschikistans.[118] 1991, in der Spät-

---

[116] Dort hat der letzte Emir von Buchara, Sayyid 'Ālim Ḫān – zu dessen Herrschaftsgebiet auch erhebliche Teile des späteren Tadschikistan zählten – in der Tat den Rest seines Lebens gefristet, von April 1921 bis zu seinem Tode am 29. April 1944, nach seiner erzwungenen Flucht aus Buchara im Gefolge der sogenannten Bucharischen Revolution (September 1920).

[117] Ein PKW der Marke Lada.

[118] Dies deckte sich mit meinen Forschungsinteressen, und so vermochte das Grüppchen mit Bahodur Burichonov, mich relativ leicht – ungeachtet meiner äußerst knapp bemessenen Zeit (angesichts der noch kaum gehobenen „Schätze" dieses Archivs) - in lange Diskussionen über „Gott und die Welt" zu verwickeln (unter Verbrauch von Hektolitern von Tee).

phase von *perestrojka*, wurde das „Institut für Geschichte der KP Tadschikstans" in „Institut für Politikforschung" umbenannt. Aber das Zusammenbrechen der Sowjetunion, August 1991, setzte allen Hoffnungen des Forschergrüppchens, die sich mit diesem Institut und seiner Umbennung verbanden, schnell ein Ende.

Bahodur Burichonov nahm nun eine Beschäftigung bei der Vereinigung *Pajvand* (Verbindung) an, die vom – mittlerweile umgekommenen – ehemaligen Präsidenten der Tadschikischen Akademie der Wissenschaften, Muhammad Osimī, ins Leben gerufen worden war, und sich der Aufnahme und Pflege von Beziehungen zu Tadschiken im Ausland widmete. In diesen Verhältnissen war mir vergönnt, Bahodur Burichonov im Frühsommer 1992 ein zweites Mal zu begegnen. Damals stellte er mir großzügigerweise seine Exzerpte von Dokumenten zum Thema der frühsowjetischen Agrarpolitik und Kollektivierung in Tadschikistan zur Verfügung, die er im Parteiarchiv in Dušanbe angefertigt hatte.[119]

Jedoch, auch den Bemühungen Bahodur Burichonovs, im Rahmen von *Pajvand* einer sinnvollen Tätigkeit nachzugehen, war nur wenig Zukunft gewährt. 1992 brach der verheerende Bürgerkrieg über Tadschikistan herein, dessen Folgen bis heute noch nicht ausgestanden sind. Im Zuge damit verbundener Ereignisse wurde Bahodur Burichonov 1993-1995 Mitarbeiter der „Staatskommission zur Repatriierung der Tadschikischen Flüchtlinge nach Afghanistan". Als er mit dieser Tätigkeit – und überdies immer noch mit lebhaften Gedanken an sein geplantes Buch über die Kollektivierung – befaßt war, hatte ich 1995 das letzte Mal die Gelegenheit, ihn, – der bereits von schwerer Krankheit gezeichnet war –, noch einmal in Dušanbe zu treffen. Am 27. September 1997 ist Bahodur Burichonov in Taschkent gestorben.

---

[119] Es sind, unter anderen, genau diese Materialien, die bei der Abfassung des vorliegenden Büchleins eine äußerst nützliche Grundlage abgaben.

ÜBERSETZUNG
(mit Anmerkungen d. Ü.)

[Titelblatt]

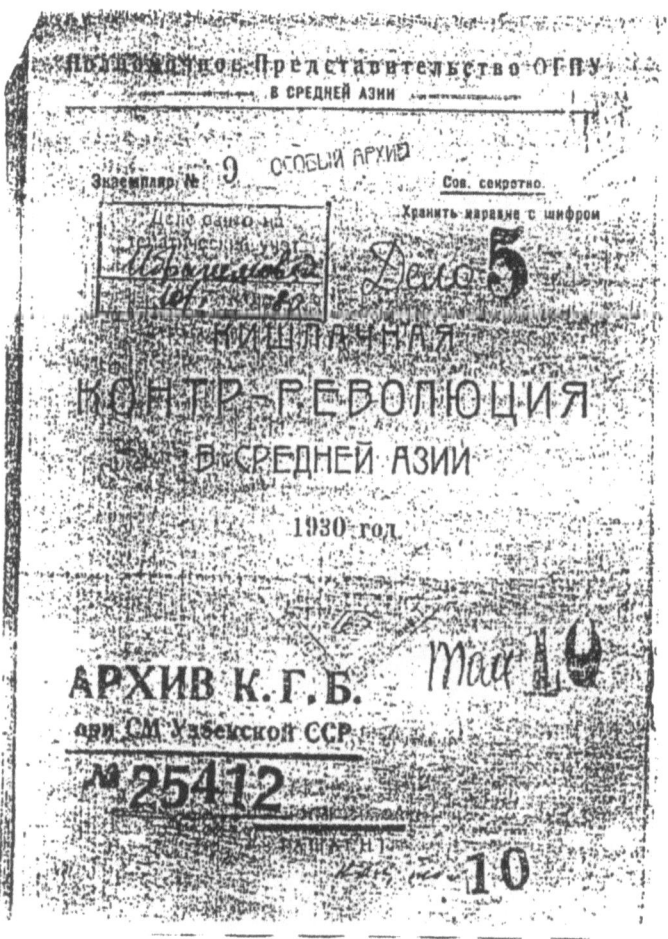

ÜBERSETZUNG

Bevollmächtigte Vertretung der OGPU IN MITTELASIEN

[SONDERARCHIV]

<u>Streng geheim</u>

Exemplar Nr. [9]

Zu archivieren wie Chiffriertes

[Akte übergeben zur thematischen Registrierung Ibragimova 10. 1. 1980]

[Akte 5]

DIE LÄNDLICHE KONTERREVOLUTION IN MITTELASIEN

1930

[unleserlicher Stempel]

[Band 10]

[Archiv des KGB beim Ministerrat der Uzbekischen SSR Nr. 25412]

TASCHKENT

[Anzahl der Bände 10]

EINLEITUNG

Die [nunmehr] verflossenen [ersten] zehn Monate des Jahres 1930 wurden durch eine ungewöhnlich **deutliche Verschärfung** des Klassenkampfes auf dem Lande[1] und durch ein beträchtliches **Anwachsen der ländlichen Konterrevolution** charakterisiert. Die entschiedenen Maßnahmen zur sozialistischen Neuordnung der Landwirtschaft, die Verkündung der Linie zur Liquidierung des Kulakentums als Klasse, und die praktische Verwirklichung dieser Linie in einer Reihe von Bezirken der kompakten Kollektivierung haben die anti-sowjetischen Kräfte des Dorfes in allen mittelasiatischen Republiken aktiviert (Geistlichkeit, Bajtum, ehemaliges Emirbeamtentum, ehemaliges Basmatschi-Aktiv etc.). Anti-mittelbäuerliche Überspitzungen und Verdrehungen der Parteilinie, die in einer Reihe von Fällen die sozialistische Neuordnung begleitet haben, erlaubten der Spitze der Bajs und den konterrevolutionären Kräften, eine **beträchtliche Menge mittelbäuerlicher Elemente**, in bestimmten Gebieten und zu bestimmten Perioden (hauptsächlich im Frühjahr 1930), **in die anti-sowjetische Bewegung hineinzuziehen**. Die Entschiedenheit des Drucks von unserer Seite hat natürlich eine allgemeine Verbreiterung und Vertiefung der konterrevolutionären Bewegung und ihrer Methoden

---

[1] Im nachfolgenden Text werden zur Bezeichnung des ländlichen Raums überwiegend die Begriffe *kišlak* (wie auch schon im Titel des Berichts) und *aul* verwendet, die wie viele andere lokal- und regionalspezifische Termini fest in den russischen Sprachgebrauch Mittelasiens und auch darüber hinaus eingegangen waren und sind. Sie werden im vorliegenden Text meist synonym für *derevnja* und *selenie*, kleines und großes Dorf gebraucht. Der turksprachige Begriff *qišlāq* bezeichnet ursprünglich das (feste) Winterlager von Nomaden, und steht dann im Bereich der seßhaft Siedelnden Mittelasiens für Dorf; *aul* (Kazachisch: *auyl*, Kirgisisch: *ajyl*) bezeichnet eigentlich eine nomadisierende Einheit (Zweig einer Familie), erkennbar an einer Gruppe von beieinanderstehenden Jurten, die im Winterlager einen Umfang von 30-40 Stück erreichen konnten. Da der Text an einschlägigen Stellen sichtlich vermeidet, auf die Probleme als solche einzugehen, die sich bei der Seßhaftmachung von Nomaden im Zuge der Kollektivierung ergaben, werden die Begriffe *kišlak* und *aul* sowie ihre Adjektivierungen in der Übersetzung je nach Zusammenhang mit *Dorf* oder *Land*, *dörflich* oder *ländlich* wiedergegeben.

von Seiten des Bajtums hervorgerufen. Neben dem Gebrauch alter Methoden der konterrevolutionären Arbeit, die schon in den vergangenen Jahren auftraten (Agitation, Eindringen in den Sowjetapparat, Bildung von anti-sowjetischen Zirkeln, Sabotage der Wirtschaftskampagnen etc.) und deren mehr massenbezogenen Anwendung, hat das Bajtum **neue** Formen und Nuancen des Kampfs in die konterrevolutionäre anti-sowjetische Bewegung eingeführt:

1) das Bajtum hat sich in Massenausmaßen an die unmittelbare Organisierung der Basmatschi-Bewegung gemacht und drei Aufstände gegen die Sowjetmacht in Bezirken organisiert, die nahe bei den Basmatschi-Zentren des grenznahen Auslands liegen (Grenzbezirke Tadschikistans, der ehemalige Kreis Surchan-Dar'ja),[2] in Bezirken besonders scharfen Klassenkampfes (Becken von Fergana) und schließlich in den Bezirken, die am meisten von anti-mittelbäuerlichen Entstellungen [der Parteilinie] in Mitleidenschaft gezogen sind (die Oase von Chorezm, der Bezirk Alaj-Gul'ča, der Kanton Talas und der Bezirk Angren des Kreises Taschkent);

2) das Bajtum hat in Mittelasien erstmalig – sogar an Maßstäben der gesamten [Sowjet]union gemessen – in erheblichen Ausmaßen als Kampfform gegen die Klassenlinie anti-sowjetische Massenauftritte[3] benutzt. Nachdem es solche Massenauftritte in der Periode der Frühjahrskollektivierung organisiert und angeführt hat, hat das Bajtum **diese auch in den letzten**

---

[2] Die Kennzeichnung „ehemalig" bei der Angabe bestimmter Bezirke und Kreise kommt im Text sehr häufig vor und steht im Zusammenhang mit einer 1926 in Uzbekistan durchgeführten Verwaltungsgebietsreform, deren Ergebnisse sich offenbar im amtlichen Sprachgebrauch bis 1930 noch nicht recht durchgesetzt hatten.

[3] Als konterrevolutionär klassifizierte Aktionen aller Art werden im Text, unabhängig von ihrem manchmal nicht leicht bestimmbaren tatsächlichen Charakter (Demonstration, Aktion, Aufstand, bewaffneter Überfall, Angriff etc.), durchgängig als *vystuplenie* (Auftreten, Auftritt) bezeichnet, was in der Übersetzung beibehalten wird.

Monaten, insbesondere während der Getreide- und Baumwollbeschaffung[4] weiter benutzt;

3) das Bajtum hat dem Terror eine **scharf politische Färbung** verliehen, was seinen Ausdruck in einer beträchtlichen **Verringerung** des Anteils von alltäglichem Terror fand, gegenüber einer absoluten **Erhöhung** der Menge an Terrorakten gegen Dorfaktivisten sowie Sowjet- und Parteifunktionäre, **ungeachtet** der allgemeinen Verringerung terroristischer Tätigkeit im Vergleich zu 1929, die durch ein Anwachsen anderer Formen der aktiven Konterrevolution hervorgerufen wurde ([Basmatschi?]tum[5], Aufstandsbewegung, Massenauftritte etc.), und schließlich [seinen Ausdruck] in einer **Erhöhung** des Anteils an Morden im Vergleich zu anderen Terrorarten [fand];

4) gleichzeitig mit der Verstärkung der Sabotage von Wirtschaftskampagnen ging das Bajtum überall und in beträchtlichen Ausmaßen zu verschiedenen Arten wirtschaftlicher und materieller Schädlingstätigkeit über, nicht nur in ihrem eigenen Haushalt, sondern auch in den Haushalten von Klein-, Mittel- und Kolchosbauern. Besonders charakteristisch sind in dieser Beziehung die Brandstiftungen an Kolchoseigentum, die 1930 stattgefunden haben – eine Form terroristischer Tätigkeit, die auf dem mittelasiatischen Dorf erstmalig aufgetreten ist;

5) nach der Festigung der Erfolge der Kollektivierung hat das Bajtum eine **klare und differenzierte** Taktik des Kampfes gegen den Kolchosaufbau ausgearbeitet, angefangen von Schädlingstätigkeit über Massenauftritte bis hin zur **Eroberung von Kolchosen** von innen heraus.

Die Vertiefung und Verstärkung der konterrevolutionären Arbeit auf dem Lande in all ihren Erscheinungsweisen wurde im Verlauf des Jahres 1930 zudem bedeutend mehr als in den vorangegangen Jahren durch die **Klarheit der politischen**

---

[4] Der hier mit „Beschaffung" übersetzte Terminus technicus ist *zagotovka*, was zum gegebenen Zeitpunkt eine staatlich kontrollierte und bezahlte Einbringung und Übergabe (des im vorhinein festgelegten Plansolls) der Ernte bezeichnete.

[5] Die in eckigen Klammern ergänzte Stelle ist in der Textvorlage unlesbar.

Plattform und der politischen Parolen des Bajtums charakterisiert. Ungeachtet dessen, daß das Bajtum einer Reihe von ernsthaften politisch-ökonomischen und operativen Schlägen im Laufe der ersten Hälfte des Jahres ausgesetzt wurde, begegnete es der **Getreide- und Baumwollbeschaffung mit ernsthaftem Widerstand** und ging im allgemeinen von offenen konterrevolutionären Auftritten **zu Sabotage, Schädlingstätigkeit und breit organisiertem passivem Widerstand** (Flucht vom ständigen Wohnsitz, innerhalb unseres Territoriums und ins grenznahe Ausland) über, **wobei in diesen Widerstand klein- und mittelbäuerliche Elemente mit hineingezogen wurden**, indem Überspitzungen und Enstellungen der politischen Linie ausgenutzt wurden.

I. DIE KONTERREVOLUTIONÄRE AGITATION

Die konterrevolutionäre Agitation als eine der Formen der konterrevolutionären Arbeit des Bajtums fand 1930, wie auch in den vergangenen Jahren, größte Verbreitung und [hatte] Massencharakter. Die Daten zur konterrevolutionären Agitation erlauben in all ihrer Verschiedenheit, sie als **festeste und ausgeformteste Methode** zu charakterisieren, **um sich der Aufmerksamkeit der klein- und mittelbäuerlichen Elemente des Dorfes zu bemächtigen, sie auf die Seite des Bajtums zu ziehen und sie in die Sphäre der anti-sowjetischen Arbeit hineinzuziehen,** auf all ihren Grundlinien und besonders auf der Linie der Sabotage der wirtschaftlich-politischen Kampagnen und der sozialistischen Neuordnung des Dorfes. Um die weite Verbreitung der konterrevolutionären Agitation und ihren Anteil an der Gesamtmasse der konterrevolutionären Arbeit des Bajtums zu charakterisieren, genügt es zu sagen, daß **90% des anti-sowjetischen Dorfaktivs, das sich unter unserer Beobachtung befindet, diese Art von anti-sowjetischer Tätigkeit durchlaufen.** Zwei Momente in der konterrevolutionären Agitation des Bajtums ziehen überall die Aufmerksamkeit auf sich: 1) die Aktualität der konterrevolutionären Agitation, das Geschick Fragen zu benutzen, die die breiten Massen des Bauerntums bewegen; 2) die Überspitzungen und Entstellungen der Parteilinie hinsichtlich der klein- und mittelbäuerlichen Kreise des Bauerntums breit und systematisch im Interesse der konterrevolutionären Agitation auszunutzen.

Die Formen der konterrevolutionären Agitation sind außerordentlich verschiedenartig. Zur Zahl der am häufigsten anzutreffenden müssen gerechnet werden: Einzelbearbeitung, hauptsächlich in der Art böswilliger Verbreitung von provokatorischen Gerüchten; die Bearbeitung ganzer Gruppen von Bauern in Teehäusern und auf Bazaren; konterrevolutionäre Agitation auf Festen (besonders in Kirgizien und Turkmenien); Verbreitung provokatorischer Gerüchte und Agitation auf Besprechungen des Bajtums, wobei unter dem Vorwand [gastlicher] Bewirtung eine beträchtliche Zahl klein- und mittelbäuerlicher Elemente hinzugezogen wird. Selten sind offene Auftritte auf Versammlungen anzutreffen, bei denen ein ziemlich scharfes Anwachsen, wie die vergangenen Jahre gezeigt haben, nur während der Wahlkampagnen in die Räte zu beobachten ist. Besondere Aufmerksamkeit zieht die **konterrevolutionäre Agitation auf dem Wege der Verbreitung von Flugblättern und Aufrufen** auf sich, **die beträchtlich angewachsen ist und in diesem Jahr erstmalig massenhaftere Ausmaße bezeigt hat.** Der vereinzelte Charakter solcher Flugblätter und Aufrufe in den vorangegangenen Jahren zeugt in der Gegenüberstellung mit der jetzigen Lage, von einer unzweifelhaften **Vertiefung der konterrevolutionären Arbeit des Bajtums.**

Der Charakter der konterrevolutionären Agitation.

All die verschiedenartigen Formen der konterrevolutionären Agitation können im wesentlichen auf folgendes reduziert werden:

1) Agitation, die auf Vereitelung der wirtschaftlich-politischen Kampagnen und sozalistischen Neuordnung des Dorfes gerichtet ist;

2) nationalistische Agitation, die genau genommen eine spezifische Form von Agitation darstellt, die auf eine Kontrastierung des Dorfes mit der Stadt gerichtet ist;

3) Agitation, die auf eine Vorbereitung des Bauerntums zum aktiven Kampf gegen die Sowjetmacht gerichtet ist (basmatschische und defätistische Agitation);

4) Agitation zur Verteidigung der Grundlagen von Religion und Geistlichkeit.

Die Vereitelung von Maßnahmen der Behörden.

Alle vier wichtigsten wirtschaftlich-politischen Kampagnen des Jahres 1930 (Frühjahrssaat, Realisierung der Baumwolle, Getreidebeschaffung und Herbstsaat) wurden von einer breiten konterrevolutionären Agitation des Bajtums begleitet, die auf eine Vereitelung unserer Hauptmaßnahmen gerichtet war. Der Frühjahrssaat begegnete das Bajtum in allen mittelasiatischen Republiken **mit Massenagitation gegen die Baumwollsaatpläne, indem es als zentrales Moment die Bedrohung durch Hunger im Falle einer Erweiterung der Baumwollaussaaten hervorhob.** Im Prozeß der Entfaltung der Kampagne nahm diese Agitation einen konkreteren Charakter an, indem sie sich auf die Fragen konzentrierte, die das Bauerntum am meisten bewegten. Die hauptsächlichen Fragen darunter waren: **1) die Verwendung von Lohnarbeit,**[6] **2) die Verdrän-**

---

[6] Die Beschäftigung von Lohnarbeitern war eines der Kriterien, nach dem ein Bauer als Kulak identifiziert werden konnte (vgl. auch o. S. 13). Im gegebenen Zusammenhang ist der kritische Punkt die Frage des Einsatzes von Saisonarbeitern (etwa im Becken von Fergana ein weitverbreitetes Phänomen), was in Mittelasien im Prinzip „erlaubt" war (einen Eindruck davon, was dies theoretisch heißen konnte, vermittelt eine Angabe in einem Beschluß des ZEK der Tadschikischen ASSR von April 1929 zu Fragen der Landwirtschaftssteuer, wonach für die „Verwendung von Lohnarbeit" in der Baumwollwirtschaft – in diesem Bereich war man sicherlich besonders tolerant – eine Obergrenze von

gung der gewinnbringenden Reis- und Weizenkulturen, 3) die vorjährigen Repressionen gegen Nichtablieferer von Baumwolle, und 4) die Verwendung von europäischem Landwirtschaftsinventar. Die Agitation hatte den Charakter, panische Gerüchte darüber zu verbreiten, daß alle, die saisonale Lohnarbeit verwenden, als Kulaken angesehen würden –, [sie hatte den Charakter] auf die Gewinnträchtigkeit von Reiskulturen und auf die Hungersnot hinzuweisen, die jenem drohe, der Reis und Weizen durch Baumwolle ersetze –, [sie hatte den Charakter] massenhaft verlogene Gerüchte darüber zu verbreiten, daß die vorgesehen Pläne unerfüllbar seien, und daß die Klein- und Mittelbauern, die die Baumwollverpflichtungen auf sich nehmen würden, letztendlich Repressionen ausgesetzt und allen Besitz verlieren würden.

Die Agitation wurde in der Regel überall von Hinweisen auf die Repressionen gegen nichtabliefernde Mittelbauern begleitet, die im Jahr 1929 stattgefunden hatten (als Resultat von Überspitzungen und Entstellungen). Im Gegensatz zu den vergangenen Jahren hat sich die Agitation gegen europäisches Landwirtschaftsinventar nicht nur auf religiöse Motive und Vorurteile beschränkt („nichts wächst ... europäische Erfindungen ... man muß so säen, wie unsere Vorfahren gesät haben" ... etc.), sondern **sie stützte sich auf konkrete Unzulänglichkeiten bei der Sortimentsauswahl** (die Unbrauchbarkeit von Pflügen der Marke „Aksaj" für eine Reihe von Böden etc.).

Für die Schlußetappe der Saat war eine massenhafte und und im Vergleich zum Vorjahr weit verbreitete **Agitation gegen Mehrfachhäufeln** charakteristisch. Die konterrevolutionäre Agitation in Verbindung mit der Baumwoll- und Getreidebeschaffung hatte einen völlig analogen Charakter zur konterrevolutionären Agitation des vergangenen Jahres in Verbindung mit ebenjenen Kampagnen und fand wie früher in breiten Ausmaßen statt. Sie lief solchermaßen auf Aufrufe hinaus, die Baumwolle und das Getreide nicht abzuliefern, das Getreide in

---

150 Tagen im Jahr festgesetzt wurde, „wenn sie durch Krankheit oder Fehlen von arbeitsfähigen Männern hervorgerufen wird" (AKPT: f. 1, op. 1, d. 825, l. 72)).

Verbindung mit der bevorstehenden Hungersnot zu verstecken etc. Diese Agitation machte sich durch **stärker verbreitete Aufrufe zur direkten Sabotage** bemerkbar, zur Vernichtung der schon reifen Baumwolle mit diesen oder jenen Methoden, und wurde **durch einen breiten Einsatz von Versorgungs- und Finanzbehinderungen** charakterisiert, **die für dieses Jahr spezifisch sind.**

Die Vereitelung der Kollektivierung und Entkulakisierung.

Die Kollektivierung und die Entkulakisierung, welche die politische Situation des mittelasiatischen Dorfes den ganzen Winter und Frühling des Jahres 1930 bestimmt haben, waren in dieser Periode das Hauptmoment der konterrevolutionären Agitation des Bajtums. Das Bajtum, das gegen diese Maßnahmen der sozialistischen Neuordnung in den schärfsten Formen auftrat (Massenauftritte, Terror etc.), hat natürlich die konterrevolutionäre Agitation als eine der Methoden benutzt, **um breite Anti-Kolchos-Stimmungen unter den klein- und mittelbäuerlichen Massen zu schaffen, und um schärfere und wirksamere Formen des Kampfes vorzubereiten.** Die konterrevolutionäre Agitation, die einen unterstützenden und vorbereitenden Charakter hatte, erschien – häufig auf gröbsten Entstellungen und Überspitzungen basierend – als Verbreitung falscher und panischer Gerüchte über die Vergesellschaftlichung aller Arten von Besitz, darunter auch des häuslichen, die Vergesellschaftlichung der Frauen, die gemeinschaftliche Ernährung, der Erhalt von Lebensmitteln [nur] in Schlangen etc. Solch eine Agitation war, wie dies die Frühjahrspraxis gezeigt hat, **die unmittelbare Vorbereitung zu massenhaften Anti-Kolchos-Auftritten.** Die Verbreitung falscher und panischer Gerüchte über den Charakter der Kollektivierung wurde überall in Wort und Tat von Agitation **für Abschlachtung und Ausverkauf des Viehs, Flucht über die Grenze** etc. begleitet.

Nationalistische Agitation.

Die nationalistische Agitation seitens des ländlichen Bajtums hatte und hat 1930 einen vergleichsweise gering verbreiteten Charakter. Jedoch, in letzter Zeit **dringt sie vollkommen klar in das politische Leben des Dorfes ein.** Die Situation zur Verbreitung dieser Agitation schaffen hauptsächlich **Lebensmittel- und Industriewarenengpässe**, die Gerede darüber hervorrufen, daß die städtischen russischen Angestellten nicht nur das ganze Getreide einsammeln, sondern auch alle Industriewaren bei sich zurückhalten und das Dorf nicht versorgen.

Basmatschi-aufständische Agitation.

Die breiten Ausmaße der basmatschi-aufständischen Agitation von 1930 werden vor allem durch die Existenz zahlreicher basmatschi-aufständischer, konterrevolutionärer Organisationen bestimmt, die den gesamten Grenzstreifen Tadschikistans und des ehemaligen Kreises Surchan-Dar'ja umfassen, sowie die Oase von Chorezm, Süd- und Nordkirgizien (die Bezirke Alaj-Gul'ča und Talas), den Bezirk Angren des Kreises Taschkent und das Becken von Fergana. All diese konterrevolutionären Organisationen benutzten basmatschi-aufständische Agitation **als Hauptmethode des Kampfes und zur Sammlung von Kräften.** Genau solch einen Charakter hatte die konterrevolutionäre Agitation bei zahlreichen Besprechungen, die den Aufständen vorausgingen, und zum [Zwecke des] Zusammenschluss[es] der anti-sowjetischen konterrevolutionären Elemente einberufen wurden. Zugleich verbreiteten und verbreiten die konterrevolutionären Elemente des Bajtums und der Geistlichkeit im ganzen systematisch, ungeachtet der Zerschlagung der Basmatschi-Kader, Gerüchte über [angeblich] breite Ausmaße der Basmatschi-Bewegung, über ihre Unterstützung durch ausländische Staaten und über die bevorstehende Ankunft von Basmatschis in diesem oder jenem Bezirk. **Die Agitation hat in den meisten Fällen den Charakter einer Einschüchterung** des Dorfaktivs zum Zwecke der Schwächung des Klassendrucks.

Agitation zur Verteidigung der [traditionellen][7] Lebensweise.

Einen außerordentlich verbreiteten Charakter hat die Agitation zur Verteidigung der [traditionellen] Lebensweise, die gegen die Befreiung der Frauen, gegen sowjetische Schulen, sowjetische Formen der Scheidung und Heirat etc. gerichtet ist. Jedoch, am charakteristischsten für 1930 ist bei dieser Agitation, daß sie **ihren selbständigen Charakter verloren hat und weniger gegen die neuen Lebensformen gerichtet war, als vielmehr auf die Entfachung von Unzufriedenheit und religiösen Vorurteilen, um eine Unzufriedenheit mit der Sowjetmacht im allgemeinen zu erzeugen.** In den meisten Fällen ist die ernsthafteste Agitation solcher Art nur die Schwelle zu

---

[7] Hier das Attribut „traditionell" zur Übersetzung von *bytovye ustoi* einzufügen, entspricht nicht der seinerzeit von den sowjetischen Machthabern vertretenen Auffassung, wonach es sich einfach um eine überkommene, alte und falsche Lebensweise handelte. Im Dienste der „sozialistischen Neuordnung" wurde die Bevölkerung mit absolut gesetzten neuen Werten zunehmend radikal konfrontiert und infolgedessen erheblichen existenziellen Nöten und Problemen ausgesetzt. Ein solcher Angriff auf mehr oder minder tief eingeschliffene Züge der „traditionellen Lebensweise" mußte m. E. zwangsläufig zu den – auch im vorliegenden Text beschriebenen, aber im Grunde genommen lediglich als logische Folge des selbst inszenierten aktuellen „Klassenkampfs" und einiger Verfehlungen von Funktionären interpretierten – Konflikten zwischen der Sowjetmacht und der Bevölkerung führen (zur Haltung der Machthaber vgl. z. B. einen Beschluß des Kazachischen Regionskomitees der VKP(b) vom 15. 10. 1929, worin es schon am Vorabend der massenhaften Kollektivierung hieß: „[die Kolchosbewegung in Kazachstan] bedeutet an sich eine sozialistische Massenneueinrichtung der Landwirtschaft, die gleichzeitig die Aufgabe einer endgültigen Zerstörung mittelalterlicher, halbfeudaler Formen der Ausbeutung in Dorf und Nomadensiedlung erfüllte. Die Kollektivierung ist somit in Wirklichkeit zu demjenigen Weg geworden, durch den Nomadensiedlung und Dorf unter Umgehung kapitalistischer Formen auf den Weg der sozialistischen Entwicklung gebracht werden. Dies ist eine der speziellen Besonderheiten der Kolchosbewegung in der Kazachischen ASSR" (Ivnickij, *Kollektivizacija* 15)).

Agitation gegen die politisch-ökonomischen Hauptmaßnahmen, und für aktive anti-sowjetische Auftritte. Die Agitation „zur Verteidigung der [traditionellen] Lebensweise" wurde insbesondere, wie unsere Untersuchungsmaterialien zeigen, **von allen konterrevolutionären Organisationen, die 1930 existierten, breit zur anti-sowjetischen Aufstandsarbeit benutzt.**

Anti-sowjetische Flugblätter und anonyme Schriften.

Anti-sowjetische Flugblätter und anonyme Schriften tauchten als eine Methode der konterrevolutionären Massenagitation auf dem russischen Dorf schon 1924 auf, in Mittelasien aber wurden sie bis 1930 nur in vereinzelten Fällen verbreitet. 1930 war erstmals durch eine vergleichsweise bedeutende Anzahl von Fällen der Verbreitung von Flugblättern und anonymen Schriften charakterisiert (insgesamt wurden auf dem Territorium Mittelasiens innerhalb von zehn Monaten 45 Fälle bemerkt). Dabei ist charakteristisch, daß das Verbreiten von Flugblättern **nach wie vor in den besonders zurückgebliebenen Republiken nicht zu beobachten ist.** (In Tadschikistan gab es überhaupt keine Flugblätter, in Karakalpakien 1). Die größte Anzahl von Flugblättern entfällt auf die fortgeschrittene Uzbekische Republik (21 Fälle), etwas weniger auf Kirgizien, wo die Gesamtzahl an Flugblättern dennoch relativ hoch ist (13), hauptsächlich wurden sie jedoch auf russischen Dörfern [Mittelasiens] verbreitet. Für die Periode des Auftauchens einer solchen Form der konterrevolutionären Agitation ist charakteristisch, daß **die Flugblätter in einer gewaltigen Anzahl von Fällen nur in einem Exemplar verbreitet werden, und daß anonyme Schriften markant über Flugblätter überwiegen.** Der einzige Fall der Verbreitung von Flugblättern in mehr oder minder massenhaften Ausmaßen sind die Flugblätter, die vom Anführer der basmatschi-aufständischen **Organisation im Bek-**

ken von Fergana, **Nasyrchan Tjura**,[8] herausgegeben wurden. Ihrem Charakter nach sind 50% der Flugblätter und anonymen Schriften gegen die wichtigsten politisch-ökonomischen Maßnahmen der Partei gerichtet (23 Flugblätter). Auf dem zweiten Platz kommen anonyme Schriften gegen das untere Sowjet-Partei-Aktiv (10 anonyme Schriften), auf dem dritten spezielle Anti-Kolchos-Flugblätter (9 Flugblätter), und schließlich Flugblätter, die auf die Verteidigung der Religion gerichtet sind (3 Flugblätter). Die quartalsmäßige Entwicklung der Verbreitung von Flugblättern und anonymen Schriften hält sich im Verlauf des ersten und zweiten Quartals von 1930 ungefähr auf einem Niveau (17 und 16 Flugblätter) und ergibt eine gewisse Verringerung in den letzten vier Monaten (12 Flugblätter).

Am charakteristischsten und politisch am klarsten formiert ist das Flugblatt, das **Nasyrchan Tjura** herausgegeben hat.

„Denkt mal ein bißchen nach! Diese Ungläubigen und Kommunisten-Apostaten glauben nicht an Gott, den Propheten und den Tag des Jüngsten Gerichts.[9] Sie rauben den Gläubigen alles und sie weihen deren Besitz und Leben dem Untergang. Ihr Ziel ist es, alle ehrlichen Mädchen und Frauen in Anhänger und Genossen der Ungläubigen und Wüstlinge zu verwandeln. In ihren Schulen sehen wir tausende ungesetzlich geborene Kinder, das sind die Kinder unserer Töchter, die ihre Schulen besucht haben.

Jetzt ist in Mittelasien keine Madrasa mehr übriggeblieben, kein Chanaka, keine religiöse Schule, keine Kazis, keine Muftis des Islam, keine Mudarrise und keine geistlichen Lehrer.[10] Es gibt keine [traditionelle] Hochzeit und

---

[8] Von Nāṣir Ḫān Tūra und seiner Organisation ist weiter unten im Text noch ausführlich die Rede (vgl. u. S. 110 ff.).

[9] Auf Apostasie (*irtidād*) steht nach islamischem Recht die Todesstrafe (für Männer) (vgl. EI² VII, 635 f., art. *Murtadd*).

[10] In ihrer Absolutheit ist diese Aussage gewißlich übertrieben, denn gerade auf dem Lande konnten sich islamische Institutionen (erstaunlich) lange halten (im Untergrund bis zum Zerfall der Sowjetunion). *Madrasa* bezeichnet eine islamische Hochschule, deren Professoren *mudarris* heißen; ḫānaqāh ist ein ṣūfī-Konvent; mit „religiöser Schule" ist der *maktab*, die Grundschule gemeint; *muftī*

keine Scheidung [nach islamischem Recht], kein Erbe [nach islamischem Recht] und keine Gesetze der Šariat[11] [mehr]. Moschee und Madrasa sind in Häuser der Prostitution und des Lasters verwandelt worden. Besinnt euch! Das Leben unserer Kinder ist in Gefahr! Indem sie in den Schulen von Apostaten unterrichtet werden, lernen sie das Apostatentum. Jetzt hat sich unser Vaterland in eine Kampfarena verwandelt. **Der Heilige Krieg ist zu einer verpflichtenden und lebensnotwendigen Aufgabe des heutigen Tages geworden.**[12]

Rechtgläubige Muslime! Gebt nicht das teure Vaterland des Islam aus den Händen. Möge es, das viele Leben gekostet hat, wo jede Handbreit Boden in den 1300 Jahren der Existenz [des Islam] mit dem Blut Tausender unserer teuren Vorfahren getränkt wurde, die uns aufgezogen haben –, [möge es] in jenem verantwortungsvollen Moment, wo euch die Pflicht zu[seine]r Verteidigung zuteil geworden ist, nicht aus euren Händen gleiten. Werdet nicht zu Verrätern an Vaterland und Religion. Ihr werdet euch vor

---

(Herausgeber von Rechtsgutachten, *fatwā*), wird vom Herrscher zur Rechtspflege ernannt, meist von *mudarris*en als Nebentätigkeit ausgeübt; mit „geistliche Lehrer" mögen die *mullā*s gemeint sein, die u. a. als Lehrer am *maktab* wirkten.

[11] In der „Anlage 4" des Dokuments, die ein paar Worterklärungen enthält, heißt es „Šariat – Sammlung von Normen des muslimischen Rechts". Dies spiegelt die seinerzeit und schon des längeren gängige Auffassung im russischen Sprachgebrauch wieder, die sich in Mittelasien mittlerweile möglicherweise bis in muslimische Gelehrtenkreise hinein auswirkte (vgl. auch u. S. 121 ff. im politischen Programm von Nāṣir Ḫān Tūra), was aber – zumindest theoretisch – dem islamischen Verständnis von *šarī'a* als dem ewigen „göttlichen Recht" widerspricht, und auch der islamischen Rechtspraxis, in der es kein kodifiziertes Recht gibt, sondern nur ein Bemühen um normative Richtlinien (im *fiqh*). – Zum Problem vgl. auch o. in der Vorbemerkung Anm. 9.

[12] Auf der Basis der *šarī'a* ist unter den hier beschriebenen Umständen der Muslim zum *ǧihād* (im Sinne von militärischem Einsatz zur Verteidigung des Islam) verpflichtet, und zwar individuell (*farḍ 'ain*) (vgl. EI² II, 538 ff., art. *Djihād*).

der Geschichte am Tag des Jüngsten Gerichts verantworten [müssen]!¹³

Muslime! Fangt beherzt den Heiligen Krieg an und fürchtet die Apostaten nicht im geringsten. Gott selbst ist euer Helfer und Beschützer. Euch werden die 400 Millionen Muslime helfen, die auf der Erdkugel wohnen, und alle religiösen Menschen, die auf unserer Seite in diesem Kampf für den Glauben fallen, werden im Paradies und am Tag des Jüngsten Gerichts einen Platz in der zweiten Reihe hinter den Propheten einnehmen..."¹⁴

Der Charakter der übrigen typischen Flugblätter kann mit folgenden Auszügen illustriert werden:

„An die Leiter der Kolchosen. Befehl. Hiermit teilen wir Ihnen mit, wen Sie so lieben und in Kolchosen organisieren. Wollen Sie die Bauern [nicht] selbständig lassen? Dies ist für Sie eine Mitteilung im Guten. Aber wenn Sie hiernach nicht die Kolchosen auflösen, dann kommen wir [noch] heute, und wir wissen, was zu tun ist. Macht die Augen auf, Wahnsinnige."

„Ihr seid von Gott geschaffen, und ohne ihn zu fürchten, habt ihr euch [nun] mit den Kafiren und Ungläubigen befreundet. Namangan und Chodžent sind eingenommen, Muslime betet!"

---

[13] Zumindest theoretisch entspricht es nicht islamischen Auffassungen, daß man sich beim Jüngsten Gericht vor der Geschichte zu verantworten hat. Aus der Glaubenspraxis mittelasiatischer Muslime ist mir eine solche Vorstellung ebenfalls nicht bekannt. Hier, wie auch an manch einer anderen Stelle mag ein Fehler bei der Übersetzung des Dokuments ins Russische vorliegen.

[14] Was die Grundlage letzterer Aussage ist, läßt sich mir konkret nicht nachweisen. Laut Koran 9/88-89, 111; 61/11-12 ist *ğihād*-Kämpfern das Paradies garantiert, und 4/95 heißt es überdies, daß sie von Gott besondere Rangstufen im Paradies zugewiesen bekommen. Auslegungen dieser Koranstellen im Sinne obiger Aussage dürften sich schon für die Frühzeit des Islam finden lassen (angesichts des geringen Stellenwerts der fraglichen Aussage im Zusammenhang des OGPU-Berichts und der Vielzahl von *ḥadīṯ*en, die zu dieser Frage überliefert sind, habe ich mich nicht der Mühe unterzogen, das möglicherweise entsprechende *ḥadīṯ* zu finden).

„Freut euch nicht, daß die Machthaber gerade die Bajs einsperren, wir werden sehen, was dann kommt!"

„Wenn in diesem Jahr die Mulk-Ländereien[15] Kolchos-[Ländereien] werden, dann kehrt ihr, Einwohner des Dorfes Kožur Nr. 2, ohne eine Zukunft nach Hause zurück."

II. BAJ- UND ANTI-SOWJETISCHE GRUPPIERUNGEN

Anti-sowjetische Gruppierungen des Bajtums, die üblicherweise ihre Tätigkeit nur in der Periode der Neuwahlkampagnen in die Räte entfaltet haben, haben 1930 in der ersten Hälfte des Jahres eine bedeutende Verbreitung **im Zusammenhang mit der Kollektivierung** erfahren.

Im Laufe Januar-März wurden auf dem Territorium Mittelasiens, hauptsächlich in Uzbekistan, **49 anti-sowjetische Gruppierungen des Bajtums mit einer Gesamtzahl von 499 Teilnehmern** aufgedeckt. Die überwiegende Mehrheit der Gruppierungen, mehr als 80%, beschränkten sich in ihrer Arbeit auf konterrevolutionäre Anti-Kolchos-Agitation bei besonderen Geheimbesprechungen, sowie in Einzelfällen auf die Vorbereitung von Massenauftritten gegen die Kollektivierung. **Der kleinere Teil** der aktivsten Gruppierungen **wandte bei seiner Tätigkeit Terror gegen das untere Dorfaktiv und Sowjetfunktionäre an**, und führte Arbeit zur Gründung von Basmatschi-Banden durch.

In der Periode der Getreidebeschaffung und der Realisierung der Baumwolle hörte die organisierte Gruppenarbeit, **die durch andere Methoden ersetzt wurde**, fast vollkommen auf (2 Gruppierungen).

Eine Analyse der sozialen Zusammensetzung der Gruppierungen bestätigt, daß ihren Hauptkern sozial fremde Baj-Ele-

---

[15] Gemeint sind wohl einfach Ländereien in Privatbesitz, ohne eine ganz bestimmte der verschiedenen Arten von *mulk*-Ländereien, die es in Mittelasien noch bis Anfang der 20er Jahre gab, im Auge zu haben.

mente stellten (aus der Gesamtzahl von 499 Teilnehmern [an ihrer Arbeit] sind 342 Bajs und Geistliche). Zugleich ist für die Verhältnisse der Überspitzungen und Entstellungen, die die Kollektivierung begleiteten, charakteristisch, daß an [der Arbeit] der **Gruppierungen 146 Klein- und Mittelbauern teilnahmen.**

III. DAS EINDRINGEN DES BAJTUMS IN DEN SOWJETAPPARAT[16]

Nicht nur in den zurückgebliebenen und fern der großen Zentren liegenden Bezirken der mittelasiatischen Republiken, sondern auch in den am weitesten fortgeschrittenen Bezirken Uzbekistans und Turkmeniens ist **die Verschmutzung des unteren Sowjetapparats mit klassenfremden Elementen außerordentlich hoch.** Es ist unzweifelhaft, daß sie in einer Reihe von Fällen den Klassencharakter der unteren Glieder des Sowjetapparats völlig verändert haben. Sogar die unvollständigen Daten für eine Reihe von Bezirken bestätigen, daß die personelle Zusammensetzung der unteren Organe des Sowjetapparats **eine der wichtigsten Ursachen jener zahlreichen Abweichungen von der Klassenlinie** darstellt, **die wir systematisch im Prozeß** der Durchführung der politischen und wirtschaftlichen Hauptmaßnahmen auf dem Lande **fixieren.**

Die Räteneuwahlen von 1929 verliefen in ganz Mittelasien in einer Situation äußerst angewachsener Aktivität des Bajtums, der Geistlichkeit, des Emirbeamtentums und anderer uns sozial feindlicher Schichten. Schon in der Periode der vorbereitenden Agitations-Rechenschaftskampagne entwickelten das Bajtum und die Geistlichkeit eine energische Tätigkeit, die **auf einen Erhalt der eroberten Positionen dort** gerichtet war, wo sich die Dorfräte in ihrer Hand befanden, und **auf eine Diskredi-**

---

[16] Der in der Sowjetunion – angesichts der konzipierten Alleinherrschaft der Partei – weitestgehend *pro forma* nach außenhin als offizielle Verwaltung und Regierung gekehrte Apparat der Räte (die Hierarchie der Exekutivkomitees bis hinauf zum ZEK der UdSSR und dem Rat der Volkskommissare).

tierung der Dorffunktionäre in jenen Fällen, wenn sie tatsächlich die Interessen der Kleinbauern und Landarbeiter zum Ausdruck brachten. Die Bearbeitung einzelner Dorfaktivisten, die Organisierung zahlreicher „Feste",[17] die benutzt wurden, um die nötige Stimmung unter den Klein- und Mittelbauern zu schaffen, und schließlich die Verbreitung verschiedener falscher, verleumderischer Gerüchte – solcherart sind die Hauptmethoden der Arbeit des Bajtums, um auf den Verlauf der Neuwahlen einzuwirken.

Im Moment der Neuwahlen wuchs die Aktivität des Bajtums allerorten scharf an; gleichzeitig mit zahlreichen Fällen offener Vernichtung der Listen mit [Namen von Personen, die] des Wahlrechts beraubt [sind,][18] – besonders in Bezirken Turkmeniens – strebte das Bajtum auf allen möglichen Wegen

---

[17] Im Text „*toev*", Genitiv Plural von *toj*, für turksprachig *tüj, toy* („Fest, Gastmahl", etwa anläßlich einer Hochzeit, Beschneidung etc.), überdies von der Sowjetmacht (übrigens auch von muslimischen Modernisten) als verschwenderisch betrachtetes und infolgedessen bekämpftes Phänomen.

[18] Die Rede ist von *lišency*, Personen, die der Bürgerrechte, primär des Wahlrechts beraubt sind (eine Vorstellung davon, welche Kategorien von Personen (außer den interessanterweise nicht *expressis verbis* genannten Vertretern des Bajtums, – weil selbstverständlich?) dies offiziellerweise betraf, gibt ein Bericht der „Statistischen Informationsunterabteilung des Mittelasienbüros des ZK der VKP(b)" über die Dorfräteneuwahlen 1928-29, worin es heißt, daß in Tadschikistan insgesamt 18.790 Personen des Wahlrechts beraubt worden seien, darunter: „Familienmitglieder im Alter über 18 Jahre, die vom Unterhalt eines *lišenec* leben" – 0, „gerichtlich Verurteilte" – 175, „ehemalige [zaristische] Polizeiagenten und Gendarmen" – 2.568, „Geistliche und Mönche"– 2.345, „Privathändler und Makler" – 571, „Personen, die von nicht selbst erarbeiteten Einkünften leben" – 383, „Personen, die ihre Zuflucht zu Lohnarbeit nehmen, um Profite zu machen" – 855, „Geistesgestörte und unter Vormundschaft stehende" – 58, „sonstige" – 11.835[!]; der Berichterstatter folgerte: „Damit entfällt ein hoher Prozentsatz auf die Geistlichkeit, Familienmitglieder von *lišency*, Händler u. a."; zum Prozentsatz von *lišency* gemessen an der Zahl der Wahlberechtigten wird ausgeführt: „Uzbekische SSR – 0,6%, Tadschikische ASSR – 5,5%, Turkmenische SSR – 7,1%, Kirgizische ASSR – 4,5%, Mittelasien [gesamt] – 6,2%" (AKPT: f. 1, op. 1, d. 1374, l. 7). Zur Grundlage des Wahlrechtsentzugs und seiner praktischen Handhabung vgl. auch Merl, *Sowjetmacht und Bauern* 228 ff., „Instruktion über die Sowjetwahl" auf der Basis eines Beschlusses des ZEK der UdSSR vom 28. 9. 1926, und ein Zeitungsartikel zu „Fehlern beim Wahlrechtsentzug").

danach, seine Vertreter in die Wahlkommissionen hineinzubringen, – und brachte sie [auch] tatsächlich hinein –, bestach Mitglieder der Wahlkommissionen, drang gewaltsam in Wahlversammlungen ein und versuchte sie zu sprengen.

Im Vergleich zu den vorangegangenen Neuwahlkampagnen zeigten die kleinbäuerlichen Schichten des Dorfes einen bedeutend höheren Grad an politischem Bewußtsein und Aktivität. Jedoch muß konstatiert werden, **daß der Widerstand gegen das Bajtum und die Geistlichkeit von Seiten der Kleinbauern bei weitem unzureichend war.** Die Führungsschwäche der Kleinbauern äußerte sich **allerorten**, und solchermaßen **vermochte das Bajtum im Ergebnis eine Reihe von Gliedern des unteren Apparats zu erobern.**

Die Kennziffern, die im Ergebnis einer auswahlsweisen Untersuchung einer Reihe von Bezirken erlangt wurden, unterstützen vollkommen diese Schlußfolgerung. So beziffern sich im Bezirk Merv der Turkmenischen SSR die **Wohlhabenden** in den Dorfräten auf 24,3%. In der Kirgizischen ASSR haben wir 8,7% Bajs, wobei diese Daten unzweifelhaft nicht vollständig sind. Im Bezirk Kitab der Uz[bekischen] SSR gibt es unter 40 Vorsitzenden und Sekretären von Dorfräten 5 Bajs, einer von ihnen war in der Vergangenheit ein hoher Emirbeamter. **Von 33 durch uns überprüften Vorsitzenden und Sekretären von Dorfräten des ehemaligen Kreises Surchan-Dar'ja erwiesen sich drei als große Bajs, 11 als geistliche Persönlichkeiten und einer als Händler. Dabei arbeiteten alle geistlichen Persönlichkeiten als Sekretäre von Dorfräten. Im ehemaligen Kreis Buchara gab es unter den 57 verantwortlichen Funktionären des RIK** [Bezirksexekutivkomitees] **5 Händler, 7 geistliche Persönlichkeiten und 2 ehemalige hohe Emirbeamte.**

Die Besetzung von Sekretärsposten durch sozial fremde Elemente stellt in der Regel in allen Bezirken Mittelasiens den Hauptweg dar, in den Sowjetapparat einzudringen. Der niedrige [allgemeine] **Alphabetisierungsgrad erleichtert dem Bajtum diese Methode des Kampfes um die unteren Organe außerordentlich.**

Typisch für die Charakteristik der Wege des Bajtums, den unteren Sowjetapparat zu besetzen, ist, daß sich das unmittelbare Eindringen des Bajtums und der Geistlichkeit in den Apparat in breitem Ausmaße nur auf der Linie verwirklicht, die Sekretärsposten einzunehmen, wobei die allgemeine Verstärkung der Kontrolle von oben über die Neuwahlen der Dorfräte im Laufe der letzten Jahre auch diesen Weg erschwert hat. Im Zusammenhang damit kann man mit aller Bestimmtheit konstatieren, daß das Bajtum überall dazu übergegangen ist, seine Aufgaben bei der Besetzung des Apparats durch Bauern aus uns sozial nahestehenden Kreisen zu verwirklichen, die für die Interessen der Kulaken eintreten.

Gegenwärtig kann man für völlig erwiesen halten, daß der **entscheidende Faktor, der in bedeutendem Grade den Klassencharakter der unteren Glieder des Sowjetapparats bestimmt, eine umfangreiche Gruppe von Bauern ist, die für die Interessen von Kulaken eintreten, von Günstlingen des Bajtums,** die von ihm gefördert werden und seine Interessen verteidigen.

Eine Reihe von Ziffern, die wir als Ergebnis von ausgewählten Untersuchungen und der täglichen Arbeit erhalten haben, unterstützen diese Schlußfolgerung hinreichend klar. Wenn es, wie wir weiter oben gezeigt haben, unter den 40 Vorsitzenden und Sekretären von Dorfräten im Bezirk Kitab der Uz[bekischen] SSR 5 Bajs gibt, **so gibt es unter genau diesem Bestand 25 Bauern, die für die Interessen von Kulaken eintreten.** In den Bezirken des ehemaligen Kreises Surchan-Dar'ja haben wir 23 Vorsitzende und Sekretäre von Dorfräten, die **offene Günstlinge des Bajtums** sind. In drei Bezirken ebendieses Kreises haben wir zum Beispiel 13 Fälle von Bestechung, 10 Fälle von Trunkenheit, 11 Fälle von Machtmißbrauch und **50 Fälle von Unterstützung des Bajtums, die von den Untersuchungsorganen registriert wurden. Ähnliche [quantitative] Relationen zwischen einzelnen Arten von Rechtsverletzungen haben wir in anderen Bezirken Mittelasiens.** Im Bezirk Vabkent des ehemaligen Kreises Buchara wurden von 20 Vorsitzenden und Sekretären, die sich durch Kriminalverbrechen kompromittiert haben, 16 der Entstellung der Klassenlinie angeklagt und nur 4 normaler Kriminalverbrechen. In allen Bezirken des ehemaligen Kreises Buchara [zusammen] haben wir **350 Fälle von Unterstützung des Bajtums und von Unterdrückung uns sozial nahestehender Gruppen**, während gleichzeitig die **Fälle rein krimineller Übergriffe (Unterschlagungen etc.) nur 129 waren**. In der T[urkmenischen] SSR, in den Bezirken des ehemaligen Kreises Čardžuj haben wir **204 Fälle von Abweichung von der Klassenlinie, während die Zahl der rein kriminellen Verbrechen sich auf 101 belief**.

Im Laufe von 1930 wurden im Bezirk Merv der T[urkmenischen] SSR 15 Funktionäre von Dorfräten von der Arbeit entfernt, unter ihnen **7 Personen** wegen **Entstellung der Klassenlinie und Unterstützung des Bajtums**. Diese und analoge Kennziffern für andere Bezirke bezeugen, daß **unter den verschiedenen Verbrechensarten im unteren Sowjetapparat Unterstützung des Bajtums und dementsprechende Entstellungen der Klassenlinie den ersten Platz einnehmen**, und sie sind ein Hinweis auf die bedeutende Verschmutzunng der unteren Organe mit **Günstlingen des Bajtums aus uns sozial nahestehenden Schichten**.

Dabei muß einkalkuliert werden, daß Bestechlichkeit eine außerordentlich verbreitete Verbrechensart seitens der unteren Funktionäre ist – in 9 von 10 Fällen bedeutet dies **in Wirklichkeit** auch eine faktische Unterstützung des Bajtums und anderer sozial feindlicher Gruppen. In der praktischen täglichen Tätigkeit des unteren Sowjetapparats wirkt sich die oben charakterisierte Verschmutzung der Dorfräte in erster Linie auf die Durchführung **jener Maßnahmen aus, die unmittelbar das Bajtum schädigen und auf die Beseitigung seiner ausbeuterischen Tendenzen gerichtet sind**. Das Eindringen des Bajtums und seiner Günstlinge in den Sowjetapparat machte sich besonders fühlbar im Prozeß der Arbeiten zur Sammlung des

Saatgutfonds,[19] bei der Individualbesteuerung,[20] der Säuberung von Kolchosen u. ä. bemerkbar:

1) in den Dorfräten des Bezirks Paj-Aryk wurden Mitglieder der Kommission zur Entlarvung von Bajs zu Günstlingen der letzteren und im Ergebnis erwies sich der Prozentsatz an entlarvten Bajs als verschwindend gering;

2) im Dorfrat von Ak-Tepe, Bezirk Mitan, unterstützte der Vorsitzende die Bajs, indem er sie von der Individualbesteuerung befreite, wobei er jene auf die Mittelbauern umlegte;

---

[19] Auch das Saatgut und seine Verteilung (zusammen mit dem Plansoll des daraus zu erwirtschaftenden Ernteertrags) sollte natürlich staatlicher Kontrolle unterliegen.

[20] Die Individualbesteuerung wurde in der UdSSR 1928 für „Einzelbauernwirtschaften" eingeführt, „die durch ihren nichtwerktätigen Charakter und die Höhe ihrer Einkünfte aus der Gesamtmasse der Bauernwirtschaften der betreffenden Gegend hervorstechen. Zu den Kennzeichen, die den nichtwerktätigen Charakter der Wirtschaften und das Vorliegen nicht vollständig erfaßbarer Einkünfte festlegen, gehören allgemein Aufkauf und Verkauf, Wucher, das Vorhandensein komplizierter landwirtschaftlicher Maschinen zu dem Zweck, aus ihrer Vermietung Gewinn zu erzielen, Führung der Landwirtschaft durch systematische Beschäftigung von Lohnarbeitern, das Vorhandensein eines gewerblichen Nebenbetriebs [z. B. Mühle] usw. – 2. Die Gesamtzahl der Wirtschaften, deren Einkommen individuell festgelegt wird, soll insgesamt etwa 3% [also die angenommene Anzahl der Kulaken] für jede Unionsrepublik betragen. [... ...] Hierbei kann die Zahl solcher Wirtschaften in Abhängigkeit von den ökonomischen Besonderheiten der einzelnen Gebiete zwischen 1% und 5% schwanken" (Merl, *Sowjetmacht und Bauern* 222 (aus Regeln des Volkskommissariats für Finanzen der UdSSR vom 28. 4. 1928)). – In einem Beschluß des ZEK der Tadschikischen ASSR zu Fragen der Landwirtschaftssteuer vom April 1929 hieß es dann: „23. Die reichsten Baj-Haushalte sind nach ihrer tatsächlichen Rentabilität individuell zu besteuern, und nicht nach den Normen. – 24. Die Anzahl von Haushalten, die der Individualbesteuerung unterliegen, nach Provinzen und Bezirken in Prozent (vorläufig): Garm – 0,04%, Kuljab – 0,25%, Kurgan-Tjube – 1,5%, Ura-Tjube – 1,5%, Pendžikent – 0,41%, Bezirk Dušanbe – 5,13%, Bezirk Karatag – 3,23%, Lokaj-Tadžik – 1,01%, Obigarm – 0,03%, Jangi-Bazar – 1,39%. Für die Tadschikische ASSR – 1%" (AKPT: f. 1, op. 1, d. 825, l. 71; die im Zitat angesprochenen Normen sahen als höchstes Jahreseinkommen für einen Haushalt, das mit dem Steuersatz von $^1/_3$ belastet wurde, 1000 Rubel vor (ebda. l. 64), bevor die Individualbesteuerung einsetzte, die höher ausgefallen sein dürfte).

3) der Instrukteur des RIK [Bezirksexekutivkomitees] von Mitan versteckte 5 Großbajs während der Registrierung von Baj-Haushalten im Dorfrat von Kul-Tepe;

4) eines der Mitglieder des Dorfrats im Bezirk Ikramov befreite gegen Bestechung eine Reihe von Bajs von der Individualbesteuerung;

5) im Bezirk Šejchljar befreiten Vorsitzende von Dorfräten eine Reihe von Großbajs des Bezirks von der Individualbesteuerung;

6) im Dorfrat von Kajrakli des Bezirks Urgut verbarg der Vorsitzende des Dorfrats 153 Baj-Haushalte und unterwarf nur 17 von 170 Bajs der Individualbesteuerung.

Die auswahlsweise angeführten typischen Fakten bestätigen, daß auf der Linie der Entstellung der Klassenlinie **in erster Linie** Baj-Haushalte verborgen werden und dementsprechend die Umsetzung der Steuerpolitik entstellt wird.

IV. DER KAMPF GEGEN DIE KOLLEKTIVIERUNG

Während der gesamten Zeit der Arbeiten zur Kollektivierung des mittelasiatischen Dorfes – von der Organisierung erster, vereinzelter Kolchosen bis zur Einrichtung von Gebietsabschnitten kompakter Kollektivierung und großer Kolchosmassive – hat das Bajtum diesen Prozeß allerorten **aktiv** behindert. Jedoch hat das Bajtum im Verlauf des Kampfes gegen die Kollektivierung **seine Taktik** und die Kampfmethoden ständig **geändert**, abhängig von der Situation und dem Umfang der Kollektivierung wirkte es, mal auf dem Wege von Schädlingstätigkeit, mal auf dem Wege der Organisierung von Massenauftritten und schließlich auf dem Wege der Eroberung von Kolchosen und ihrer Zersetzung von innen heraus.

Schädlingstätigkeit, die Organisierung von Massenauftritten, das Eindringen in Kolchosen, dies sind die drei Hauptetappen in der Dynamik der Entfaltung des Klassenkampfs um die Kollektivierung. In breiten Ausmaßen hat sich der Klassenkampf erstmalig in diesen Formen im Zusammenhang mit der Kollektivierung 1930 entfaltet.

Schädlingstätigkeit im Zusammenhang mit der Kollektivierung.

Schädlingstätigkeit, die sich im Abschlachten und Ausverkauf von Arbeits- und Milchvieh, dem Fällen von Bäumen etc. ausdrückte, war, wie wir zeigten, die Hauptform des Baj-Widerstands in der ersten Periode der Kollektivierung, während der agitatorischen und organisatorischen Vorbereitung des Massenaufbaus von Kolchosen im Frühjahr 1930. In den Grenzbezirken Mittelasiens, insbesondere in den Bezirken des ehemaligen Kreises Kerki der Turkmenischen SSR, hat diese Schädlingstätigkeit die Form massenhaften Wegtreibens von Vieh nach Afghanistan angenommen, was zudem eine Vorbereitung zur Emigration darstellte.[21] Die Schädlingstätigkeit nahm im Laufe der ersten 1-1 $^1/_2$ Monate (Januar, Februar) breite, ja in einer Reihe von Gebieten offen bedrohliche Ausmaße an (Nordkirgizien, eine Reihe von Bezirken Turkmeniens etc.).

---

[21] Emigration, ins angrenzende Ausland (Afghanistan, Sinkiang) – und übrigens auch durchaus Remigration von dort – bildete einen bedeutenden Faktor im politischen und wirtschaftlichen Geschehen Mittelasiens der 20er Jahre. Ausgelöst wurde sie durch alle möglichen Maßnahmen der sich entfaltenden Sowjetmacht und damit verbundene Phänomene (eine Vorstellung von ihren Ausmaßen vermitteln folgende Zahlen: Anfang 1926 rechnete man mit 42.580 turkmenischen Haushalten, die nach Nordwest-Afghanistan emigriert waren (mit einem Faktor von 5,3 multipliziert: 225.674 Personen) (AKPT: f. 1, op. 1, d. 780, l. 127); von den Einwohnern des Bezirks Faḫrābād (südl. von Dušanbe), deren Zahl sich 1920 auf rd. 35.000 belaufen haben soll, waren 1926 noch 14.162 übriggeblieben (AKPT: f. 1, op. 1, d. 391, l. 9); das ZEK der Tadschikischen ASSR ging Ende 1926 davon aus, daß 25% der Bevölkerung, was 44.000 Haushalten, mehr als 200.000 Personen entspräche, nach Afghanistan emigriert seien; wieder zurückgekehrt seien 7000 Haushalte (AKPT: f. 1, op. 1, d. 220, l. 98; d. 368, l. 22; d. 369, l. 77); in einem Schreiben von 19 Funktionären des Tadschikischen Parteikomitees an das Politbüro in Moskau wird Mitte 1928 ausgeführt, daß ca. 60.000 Emigranten zurückgekehrt seien, von mehr als 250.000 die in den Jahren 1923-25 nach Afghanistan geflohen seien (AKPT: f. 1, op. 1. d. 801, l. 9)).

In einigen Kreisen fand die Bildung spezieller Baj-Gruppierungen statt, die sich nicht nur die Abschlachtung und den Ausverkauf des eigenen Viehs zur Aufgabe gemacht hatten, sondern auch die breite Schädlingsagitation in allen Schichten der Bevölkerung (Kreis Surchan-Dar'ja).

Der Umfang der Schädlingstätigkeit läßt sich daran beurteilen, daß in einem großen Dorf des Bezirks Kizil-Su Kočkor (Kirgizien), der auswahlsweise untersucht wurde, **von 130.000 Schafen nur 70.000 übrig geblieben sind.** Gleichzeitig damit verschlechterte sich, als Massenerscheinung, **die Viehfütterung** und auf dieser Basis häuften sich Fälle von massenweisem Verenden von Vieh. Mitte März machte sich offenkundig ein Umschwung bemerkbar. In Verbindung mit Repressionen verringerten sich das **offene** Abschlachten und der Ausverkauf von Vieh bedeutend und das Bajtum ging zum Ausverkauf von Vieh in kleinen Mengen über, die zuvor in andere Bezirke hinübergetrieben worden waren.

Gleichzeitig mit dem Abschlachten und Ausverkauf von Vieh fand die Schädlingstätigkeit, im Moment ihrer größten Verbreitung, ihren Ausdruck im massenhaften Fällen von Bäumen (T[urkmenische] SSR – Maulbeerbaumanpflanzungen) und sogar in der Zerstörung von Wohngebäuden (Kirgizien).

Die praktische Verwirklichung einer breiten Kollektivierung hat das Bajtum auf den Weg eines aktiveren und wirksameren Kampfes getrieben. **Zur Hauptform des Baj-Widerstands wird die konterrevolutionäre Agitation und organisierte Vorbereitung von Massenauftritten gegen die Kollektivierung.**

Der Entwicklungsgang der Massenauftritte.

Im Februar 1930 ergaben sich die ersten ernsthaften Massenauftritte gegen die Kollektivierung, die vom Bajtum organisiert wurden, das außerordentlich breit und geschickt die zahlreichen Fehler der lokalen Sowjet- und Parteiorgane bei der Kollektivierung ausnutzte. Am 25. Februar begannen die Auftritte mit einer bedeutenden Menge von Teilnehmern in einer Reihe von Bezirken des ehemaligen Kreises Fergana. Unmittelbar danach sprangen die Massenauftritte auf Bezirke der ehemaligen Kreise Andižan und Oš über, auf die Bezirke Neu-Buchara und Giżduvan, auf Bezirke der ehemaligen Kreise Taschkent, Chorezm und Samarkand. Gleichzeitig begannen sie in Bezirken der ehemaligen Kreise Kerki, Tašauz und Čardžuj der T[urkmenischen] SSR und dann im Kreis Chodžent von Tadschikistan.

Das schnelle Anwachsen der Zahl von Massenauftritten und der Menge der Teilnehmer an ihnen nach dem 25. 2. 30 erklärt sich dadurch, daß trotz der harten Direktiven des Mittelasienbüros des ZK der VKP(b) Überspitzungen und eine Bürokratisierung[22] der Kollektivierung nicht nur nicht aufhörten, sondern in einer Reihe von Bezirken **sogar zunahmen.**[23] Die schnelle und entschlossene Korrektur der Fehler, die auf der Basis einer offenen Überbewertung des tatsächlichen Drangs der mittelbäuerlichen Massen in die Kolchosen gemacht worden waren, wurde in den Bezirken, die fortfuhren die frühere Linie durchzuführen, offen sabotiert. Andererseits war auch dieser Umstand entscheidend, denn er bestimmte **die Form des Umfangs und das politische Gesicht** der Massenauftritte, – das Bajtum begann in diesem Moment, besonders aktiv zu handeln.

---

[22] Gemeint ist hiermit, daß mittels administrativen Drucks eine Zwangskollektivierung anstatt der offiziell verkündeten „freiwilligen" Kollektivierung durchgeführt wurde.

[23] Diese „harten Direktiven" waren eine Folge der Abmahnung des Politbüros, die am 30. Januar an das Mittelasienbüro ergangen war (vgl. o. S. 32). Wohl eine von ihnen ist ein umgehend an die Republikführungen telegraphierter Beschluß des Mittelasienbüros vom 3. Februar, worin es u. a. heißt: „4. Es ist noch einmal der freiwillige Charakter des Kolchosaufbaus klarzustellen...", und ansonsten genaue Anweisungen zum Umgang mit Kulakenwirtschaften (z. B. hinsichtlich der Konfiskation und Verteilung ihrer Besitztümer) gegeben werden (AKPT: f. 3, op. 1. d. 155, l. 3). – Der eigentliche Grund für die „Massenauftritte" in gerade diesen Bezirken dürfte darin zu suchen sein, daß sie zu „Gebieten kompakter Kollektivierung" (Baumwollanbau!) erklärt worden waren (Farġana und Andiġan gehörten jedenfalls dazu, wie ein bei Ivnickij, *Kollektivizacija* 158, wiedergegebenes Schreiben des Sekretärs des Mittelasienbüros, I.A. Zelenskij, an L.M. Kaganovič vom 5. 4. 1930 belegt).

Gegen Ende März – Anfang April fiel die Kurve der Massenauftritte scharf, infolge entschlossener Maßnahmen gegen Funktionäre, die die Parteipolitik bei der Kollektivierung und dem Massenausschluß der aktiven konterrevolutionären Baj-Spitze entstellt hatten, die [wiederum] die Massenauftritte inspiriert und organisiert hatte. Unten bringen wir eine Tabelle zu einigen Bezirken, die die Dynamik der Massenauftritte in den zwei Perioden **Februar-März und März-April** illustrieren, die das **Wachstum und die Auffüllung** der Zahl der Massenauftritte erbrachten:

Für die Uzbekische SSR

Bezirke	25. Februar		25.2.–17.3.		17.3.–7.4.	
	Auftritte	Teilnehmer	Auftritte	Teilnehmer	Auftritte	Teilnehmer
Fergana	18	11480	19	5540	3	1000
Andižan	1	–	41	25170	1	30
Taschkent	–	–	50	12482	6	700
Chorezm	3	550	5	2900	1	200

Ein analoges Bild wurde auch in den anderen Bezirken Mittelasiens beobachtet.

Die Gesamtzahl von Massenauftritten für die ganze Periode charakterisiert folgende Tabelle:[24]

---

[24] Die unten genannten Zahlen entsprechen denjenigen der Vorlage. – Zelenskij in seinem Schreiben an Kaganovič vom 5. April gab an, daß „190 Massen-Bauern-Auftritte" mit insgesamt 74.592 Teilnehmern stattgefunden hätten. Bei der „Niederschlagung der Bauernauftritte" seien 2.500 Personen verhaftet worden (Ivnickij, *loc. cit.*).

Republik	Massenauftritte
Uzbekische SSR	240
Turkmenische SSR	50
Kirgizische SSR	1
Tadschikische SSR	1
Insgesamt für Mittelasien	256

Charakteristik der Losungen der Auftritte.

Die vom Bajtum organisierten und inspirierten Massenauftritte gegen die Kollektivierung schlugen in einer Reihe von Fällen **in politische Auftritte gegen die Sowjetmacht** um. Hierdurch werden insbesondere die Auftritte in Fergana charakterisiert, wo die Demonstrationen gegen Kolchosen in der Mehrzahl der Fälle eine politische Färbung annahmen und sich die anfänglichen Anti-Kolchos-Losungen systematisch mit Losungen offen anti-sowjetischen und teilweise Pogromcharakters vermischten. In den Bezirken der ehemaligen Kreise Andižan und Oš **drängten** die politischen und anti-sowjetischen Losungen in der Mehrzahl der Fälle **die Anti-Kolchos-Losungen in den Hintergrund.**

Das Vorhandensein allgemein politischer („Nieder mit der Sowjetmacht", „Laßt uns die Sowjetmacht stürzen" – Fergana, Oš), nationalistischer („Schlag die Russen", „Die Russen wollen die Uzbeken als Nation vernichten" – ehem. Kreis Staro-Kokand), und schließlich religiöser Losungen („Die alt-methodischen Schulen sind wiederherzustellen",[25] „Die Geistlichkeit ist nicht anzutasten" – Turkmenien, Kirgizien, teilweise Uz[be-

---

[25] Gemeint ist eine Wiedereinrichtung des traditionellen *maktab* anstelle der sowjetischen Schulen, die hier offensichtlich mit den *uṣūl-i ǧadīd* Schulen der muslimischen Modernisten gleichgesetzt werden, die im Gefolge der russischen Revolution von 1905 in den Metropolen Mittelasiens breiter in Erscheinung getreten waren.

kische] SSR) beweist, daß **bei der Vorbereitung und Organisation der Massenauftritte das Bajtum als geschlossener Block mit der Geistlichkeit und mit reaktionären kleinbürgerlichen Elementen der Städte handelte, die die religiösen und nationalistischen Motive in die Bewegung hineintrugen.** Die weite Verbreitung von Losungen, **die unmittelbar auf eine Verteidigung der Interessen des Bajtums gerichtet sind** (typisch sind: „Gebt den Bajs den konfiszierten Besitz zurück", „Setzt die Beraubten[26] wieder in ihre Rechte ein", etc.), in allen Gebieten Mittelasiens, und besonders in der Uz[bekischen] SSR, spricht zugleich dafür, daß von allen sozial feindlichen Schichten bei den Massenauftritten **gerade das Bajtum die aktivste organisatorische Kraft darstellte.**

Der Pogromcharakter der Auftritte.

In einer Reihe von Fällen hatten die Massen-Anti-Kolchos-Auftritte, insbesondere dort, wo sie von politischen Losungen begleitet waren, einen Pogromcharakter und wurden durch Verprügelungen und sogar durch Tötungen von Vertretern der Sowjet- und Dorfaktivisten charakterisiert. In der Periode vom 1.1.30 bis 31.10. wurden während Massenauftritten

verprügelt...	111	Menschen
versucht zu verprügeln.............................	66	"
verletzt..	13	"
getötet...	4	"[27]
insgesamt nahmen Schaden.........	194	Menschen

Die Verprügelungen, die den Massenauftritten einen Pogromcharakter verliehen, fanden hauptsächlich in Bezirken der Uz[bekischen] SSR statt, wo sich der Klassenkampf um die

---

[26] Gemeint sind *lišency* (zu ihnen vgl. o. Anm. 18).
[27] Zelenskij in seinem Schreiben an Kaganovič vom 5. April sprach bereits von 70 Funktionären, die bei Massenauftritten Schaden genommen hätten, 25 seien getötet worden (Ivnickij, *loc. cit.*).

Kollektivierung im Vergleich mit anderen Republiken überhaupt **weitaus breiter und tiefer** entfaltete und das Bajtum bedeutend aktiver handelte. So entfallen von den 194 Fällen in Mittelasien nur 3 Fälle von Verprügelungen auf die T[urkmenische] SSR. **Überall wurden die Pogromlosungen unmittelbar vom Bajtum ausgegeben, das auf jegliche Weise die Masse zu aktiven Handlungen provozierte.**

Die Technik der Organisierung von Auftritten.

Die Vorbereitungstechnik der Massenauftritte beweist, daß das Bajtum überall die organisatorische Seite eines Auftritts sorgfältig ausarbeitete, indem es sorgfältige Handlungspläne erstellte. Jener Umstand verdient Aufmerksamkeit, daß zum Zwecke der Organisation von Massenauftritten **zwischen Baj-Gruppen entlegener Dörfer lebhafte Verbindungen hergestellt wurden.** So bereitete im Bezirk Merv der T[urkmenischen] SSR eine Baj-Gruppe im Dorf Šor-Tepe Massen-Anti-Kolchos-Demonstrationen im Bezirk vor, **schickte ihre Spezialboten in entlegene Dörfer,** um angesehene Bajs über die vorbereiteten Demonstrationen in Kenntnis zu setzen und ihnen vorzuschlagen, an der „gemeinsamen Sache" teilzunehmen, indem sie die entsprechende Arbeit unter den Klein- und Mittelbauern ihres Dorfes durchführen. Die Untersuchung einer Reihe von Massenauftritten, hauptsächlich in der Uz[bekischen] SSR und T[urkmenischen] SSR, deckte auf, daß jedem Massenauftritt für gewöhnlich **einige Besprechungen der Bajs** unter Hinzuziehung der Geistlichkeit und klein-mittelbäuerlicher Elemente vorausgingen, **bei denen** detailliert der Plan der Auftritte ausgearbeitet wurde. Es ist charakteristisch, daß die Auftritte in einer Reihe von Fällen auf ein zuvor verabredetes Signal hin anfingen (Lagerfeuer im Bezirk Merv der T[urkmenischen] SSR).

Massenauftritte als Methode der konterrevolutionären Arbeit des Bajtums in Mittelasien.

Die antisowjetischen Massenauftritte im Frühjahr haben umso mehr Bedeutung, als daß **bis 1930 diese Form des Massenprotests, geführt von kulakischen und antisowjetischen Elementen, in Mittelasien nur in vereinzelten Fällen anzutreffen war.** Eine Analyse des Entwicklungsgangs der Massenauftritte in den Sommer- und Herbstmonaten beweist unstreitig, daß **sich die Massenauftritte als eine Form der Baj-Arbeit, die auf eine breite Einbeziehung der klein-mittelbäuerlichen Massen abzielt, verstärkt haben und schon eine ziemlich bedeutende Rolle spielen.** Neben 224 Auftritten, die im Frühjahr auf Grund der Kollektivierung stattfanden, vermochte das Bajtum in den letzten Monaten in verschiedenen Bezirken hauptsächlich der Uzbekischen und der Turkmenischen SSR 32 Auftritte zu organisieren (15 wegen der Lebensmittelversorgung, 11 gegen die Baumwollbeschaffung, 4 gegen die Getreidebeschaffung und 2 gegen die Steuer). Es scheint völlig unzweifelhaft, daß diese Methode des weiteren eine noch wesentlichere Bedeutung im Kampf des Bajtums gegen Maßnahmen der Behörden erlangen wird.

Das Eindringen des Bajtums in die Kolchosen.

Die Korrektur von Fehlern, die im Prozeß der Kollektivierung begangen wurden, und der reale Kampf gegen Überspitzungen und Entstellungen in diesem Bereich hat das Bajtum in bedeutendem Grade der Möglichkeit beraubt, Massenauftritte zur Vereitelung des Kolchosaufbaus zu nutzen. Dementsprechend **wächst** in der Periode März-April in eben jenem Grade, in dem die Zahl der Massenauftritte sinkt, **die Tendenz des Bajtums,** sich der Kolchosen von innen heraus **zu bemächtigen,** um sie in seinem Interesse zu nutzen. Diese dritte Periode des Kampfes des Bajtums gegen die Kolchosen führte zu einer

Massenverschmutzung der Kolchosen mit sozial-feindlichen Elementen.

Die Verschmutzung der Kolchosen als Ergebnis des energischen Kampfes des Bajtums, in die Kolchosen einzudringen und der schwachen Abwehr seitens der lokalen Sowjetorgane, findet in diesem oder jenem Grade in allen Republiken Mittelasiens statt. Eine auswahlsweise Untersuchung, die von uns in einer Reihe von Bezirken durchgeführt wurde, ergibt Daten zum Grad dieser Verschmutzung, der offensichtlich vor Ort nicht einkalkuliert worden ist. So wird zum Beispiel die Zusammensetzung der Kolchosen des Bezirks Ikramov gemäß den Daten des Bezirkskolchosverbandes durch folgende Ziffern definiert:

> Landarbeiter.................... 14,4%
> Kleinbauern..................... 41,4%
> Mittelbauern.................... 44,3%

Unterdessen gibt es in der **tatsächlichen** Zusammensetzung der Kolchosen dieses Bezirks:

> Händler.................... 172 Haushalte
> Wucherer..................... 3 "
> Makler....................... 7 "
> Geistlichkeit................ 5 "

was 2,36% der Gesamtzahl der Kolchosbauern ausmacht.

Im Bezirk Zelenskij werden 608 Baj-Haushalte in den Kolchosen gezählt, in Šarichan 103, Naryn 103, etc., und in allen Bezirken des ehemaligen Kreises Andižan zusammen **traten mehr als 1000 Baj-Haushalte in einen Kolchos ein**. In den Bezirken des ehemaligen Kreises Buchara befinden sich in den Kolchosen eine Reihe von Haushalten, **die letztes Jahr der Individualbesteuerung unterzogen worden sind**. Allein im Bezirk Giżduvan wurden in den Kolchosen 160 solcher Baj-Haushalte aufgedeckt, in Neu-Buchara 148. Eine ebensolche Lage findet sich in einer Reihe anderer Bezirke der Uz[bekischen] SSR. In einigen einzelnen Kolchosen **beläuft sich die Zahl der Baj-Haushalte auf 10%.** Das Eindringen des Bajtums in die Kolchosen ist fühlbar zu bemerken, da es sich auf ihre alltägliche Tätigkeit auswirkt. Eine Analyse der zahlreichen Fakten, die wir zur Verfügung haben und die die Rolle des in die Kolchosen eingedrungenen Bajtums charakterisieren, spricht dafür, daß das Bajtum überall, wo es im Kolchos eine irgendwie bedeutende Gruppe darstellt, aktiv an den Zielen arbeitet:

1) **die Leitung der Kolchosen in seine Hände zu nehmen;**

2) **andere Baj-Haushalte, ehemalige Emirbeamte und die Geistlichkeit für den Kolchos zu gewinnen, um seinen Einfluß zu festigen;**

3) **die Erfüllung der Pflichten des Kolchos gegenüber dem Staat hinsichtlich des Getreides, der Baumwolle etc. zu vereiteln;**

4) **der richtigen Verteilung und Organisation der Arbeit innerhalb des Kolchos entgegenzuwirken.**

Das Eindringen in die Kolchosen und die Durchführung genau dieser Schädlingsarbeit stellt im gegebenen Stadium die **typischste und am weitesten verbreitete Methode des Baj-Widerstands gegen die Kollektivierung** dar.

V. DIE SABOTAGE DER WIRTSCHAFTSKAMPAGNEN

Die Sabotage von Wirtschaftskampagnen trat 1930 als eine der Formen und Methoden des Widerstands des Bajtums und seiner anti-sowjetischen Aktivität in all ihren vielfältigen Arten in Erscheinung. Sabotage der Frühjahrs- und gegenwärtig der Herbstsaat, der Realisierung der Baumwolle und der Getreidebeschaffung hat in allen mittelasiatischen Republiken eine weite Verbreitung gefunden. Die Hauptarten dieser Sabotage während der Frühjahrssaat können wie folgt zusammengefaßt werden:

1) **Verweigerung der Saat** unter dem Vorwand des Mangels von Arbeitstieren, Arbeitskräften und Saatgut. Die[se] Art von Sabotage ist besonders in den Bezirken verbreitet, wo es nur formal durchgeführt wurde, den Plan bis zum Kulakenhof zu bringen, und wo der Druck auf das Bajtum schwach war. Die Weigerungen der Kulaken zu säen, die sich schon 1929 in ziemlich breitem Ausmaß beobachten ließen, gewannen 1930 eine bedeutend größere Verbreitung.

2) **Die Saat von Weizen auf Baumwolland** hat zum Höhepunkt der Saat sowohl von Seiten des Bajtums als auch von Seiten der durch das Bajtum provozierten klein- und mittelbäuerlichen Elemente bedrohliche Ausmaße angenommen und zwang zu einer breitangelegten Kampagne, die Felder umzupflügen. Diese Form der Sabotage war so verbreitet, daß in führenden Baumwollregionen (Andižan, Fergana, Buchara) [sogar] auf Feldern Weizen gesät wurde, die [schon] immer unter Baumwolle gestanden hatten.

3) **Die Weigerung, den Armen Arbeitstiere zur Verfügung zu stellen**, wurde in der Periode der Frühjahrssaat in ziemlich breiten Ausmaßen in der ganzen Uzbekischen SSR und besonders in den ehemaligen Kreisen Buchara und Fergana beobachtet.

4) **Das Umpflügen von Baumwollfeldern unter Weizen** wurde überall beobachtet und hatte einen weitverbreiteten Charakter, hauptsächlich im Kreis Buchara und im Becken von Fergana.

In der Periode der Baumwoll- und Getreidebereitstellung verstärkte sich die Sabotage bedeutend und nahm in einigen Fällen, im Vergleich zu den vergangenen Jahren, neue Formen an und wurde in massenhaftem Ausmaß von Schädlingstätigkeit begleitet (ausführlich dazu vgl. den Abschnitt „Die anti-sowjetische Aktivität des Bajtums in der Periode Juli-Oktober").[28]

---

[28] S. u. S. 141 ff.

VI. DER BAJ-TERROR

1929 hatte ein ungewöhnlich starkes Wachsen des Terrors in allen Bezirken Mittelasiens gebracht. Die Gesamtzahl der Terrorakte in diesem Jahr [1929] erreichte 620 und überstieg damit bedeutend die Ausmaße des Terrors der ganzen vorangegangenen drei Jahre (1926,[29] 27 und 28 fanden insgesamt [nur] 494 Terrorakte statt). Ein solches, besonders substantielles quantitatives Anwachsen des Terrors war ein unzweifelhafter Indikator dafür, daß der 1928 ziemlich deutlich zu bemerkende Umschwung in der terroristischen Tätigkeit des Bajtums und ihre Verwandlung nicht nur in eine Form des Widerstands, sondern auch in ein Angriffsmittel **sich 1929 endgültig festigte**. Diese Festigung fand ihren grellsten Ausdruck im Wachsen der Zahl der Morde (1928 – 63 Fälle, 1929 – 290 Fälle), und in der Menge der Morde an Sowjetfunktionären, die eine feste Klassenlinie vertraten, und an Aktivisten der Mittel- und Kleinbauern (1928 – 23 Sowjetfunktionäre und 92 Aktivisten; 1929 – 49 Sowjetfunktionäre und 170 Aktivisten). **Der aktive Charakter des Baj-Terrors war auch 1930 dessen typischster Zug**, jedoch führen scharfe Klassenverschiebungen auf dem Lande und der entschiedene Angriff auf das Bajtum zu einem grundsätzlichen Umschwung in der Dynamik des Terrors, **einem Sinken der terroristischen Tätigkeit**. Dabei ist charakteristisch, daß dem genannten Umschwung ein ungewöhnlich hoher Aufschwung der Terrorwelle im ersten Quartal von 1930 vorausgeht, d. h. in der Periode des verschärften Klassenkampfes um die sozialistische Neuordnung des Dorfes.

Der Entwicklungsgang des Terrors.

Das scharfe Wachsen der Terrortätigkeit, welches auch das erste Quartal von 1930 ganz kennzeichnete, wird am besten durch folgende Vergleichsdaten charakterisiert:

---

[29] In der Textvorlage steht an dieser Stelle fälschlicherweise 1929.

Republik	Anzahl der Terrorakte		
	1928	1929	1. Qu. 1930
Uzbekistan	218	429	185
Tadschikistan	keine Daten	15	2
Turkmenien	7	89	3
Kirgizien	keine Daten	87	6
Insgesamt für Mittelasien	225	620	196

Schon allein diese Ziffern ergeben ein hinreichend klares Bild der terroristischen Aktivität des Bajtums im ersten Quartal von 1930, welche die Aktivität nicht nur von 1928, sondern auch von 1929 bedeutend übersteigt.

Die besondere Schärfe des Klassenkampfs und der terroristischen Tätigkeit als einer seiner Erscheinungsformen wird in diesem Quartal noch offensichtlicher, wenn zum individuellen Terror der im Prozeß der Frühjahrs-Massenauftritte breit entwickelte Gruppenterror hinzugefügt wird. Während der Massenauftritte des Jahres 1930, deren überwiegender Teil in das erste Quartal fällt, fanden 111 Verprügelungen, 66 Mordanschläge, 13 Körperverletzungen und 4 Morde statt. Damit ließ **die Terrorwelle im 1. Quartal von 1930 die Entwicklung der terroristischen Tätigkeit in den vorangegangenen Jahren weit hinter sich.** Der ernsthafteste wirtschaftliche, politische und operative Schlag, der dem Bajtum im Frühjahr 1930 versetzt wurde, mußte sich auf die weitere terroristische Tätigkeit des Bajtums auswirken. Im Ergebnis dieses Schlags wird das 2. und 3. Quartal 1930 **durch eine starke Verringerung des Terrors** charakterisiert, weswegen, wie dies schon jetzt völlig offensichtlich ist, **die Gesamtdynamik des Terrors 1930 ein Sinken der Zahl von Terrorakten im Vergleich zu 1929 ergeben wird.**

Während 1929 die Gesamtmenge an Terrorakten 610 erreichte, ergeben zehn Monate von 1930 nur 351 Fälle von Terror.

Besonders muß auf die quartalsmäßige Entwicklung des Terrors eingegangen werden, die durch folgende Tabelle charakterisiert wird:

Jahr	1. Quartal	2. Quartal	3. Quartal	4. Quartal	Anmerkung
1929	147	133	105	44	
1930	185	59	53	19	Angaben für Oktober

Die[se] Tabelle unterstützt voll und ganz die obenangeführte Charakteristik der Entwicklung des Terrors von 1930 und weist klar auf ihre Grundspezifik hin – ein scharfes Fallen der terroristischen Tätigkeit im 2. Quartal. Die Verbindung dieser quartalsmäßigen Entwicklung des Terrors mit der politischökonomischen Situation auf dem Lande und ihre Bedingtheit durch diese Situation wird durch folgende Daten charakterisiert: [s. die Tabelle auf der nächsten Seite]

Quartal	Polit-ökonomische Situation auf dem Land	Anzahl der Terrorfälle
1. Quartal 1929	In Verbindung mit der Kampagne zu den Neuwahlen in die Räte entfaltet sich verstärkt der Klassenkampf. In den zurückgebliebenen Kreisen Uzbekistans (Surchan-Darj'a, Kaška-Dar'ja) wird die Boden-Wasserreform durchgeführt.	170
3. Quartal 1929	Höhepunkt der Getreideernte. Eine Reihe von Kampagnen zu Neuwahlen unterer Organe der Kooperativen.	leichtes Anwachsen des Terrors 183
4. Quartal 1929	Realisierung der Baumwolle. Herbstsaat der Trockenfelder.	starkes Sinken des Terrors 83
1. Quartal 1930	Entschlossener Angriff auf der Linie der sozialistischen Neuordnung des Dorfes, Kollektivierung und Entkulakisierung in Bezirken kompakter Kollektivierung.	besonders starkes Anwachsen des Terrors nach der Verringerung im 4. Quartal 1929 185
2. Quartal 1930	Frühjahrssaat in der Situation angespannten Kampfes um die Baumwolle. Die aktiven konterrevolutionären Elemente des Bajtums waren im Prozeß des Klassenkampfes des vorangegangenen Quartals bedeutenden Repressionen unterzogen worden. Gleichzeitig mit der Sabotage der Saat sind bedeutende panische Stimmungen unter den Baj-Elementen zu bemerken.	starkes Sinken des Terrors 59
3. Quartal 1930	Die Realisierung der Baumwolle und die Getreidebeschaffung verlaufen in einer Situation von Baj-Sabotage einerseits und einer weiteren Entwicklung der panischen Stimmungen des Bajtums auf der anderen Seite.	es ist eine leichte Entwicklung der Terrortätigkeit zu bemerken 72

Arten des Terrors.

Die Verteilung des Terrors nach Arten im Jahr 1930 und die gegenübergestellten Daten von 1928 und 1929, welche den qualitativen Entwicklungsgang des Terrors charakterisieren, werden in folgender Tabelle vorgestellt:

Jahr	Arten			
	Mord	Verletzungen	Prügel	andere
1928	63	14	147	49
1929	290	58	82	147
1930	148	23	130	50

Damit hat sich der **scharfe Umschwung im qualitativen Charakter des Terrors, die Erhöhung der Zahl von Morden gegenüber allen übrigen Arten von Terrorakten, der sich hinreichend klar im Jahr 1929 gezeigt hat, 1930 verfestigt, ungeachtet des Sinkens der terroristischen Tätigkeit. Dies ist ein unzweifelhafter Beweis dafür, daß die Baj-Aktivität auch auf der Linie terroristischer Tätigkeit 1930 auf einem sehr hohen Niveau verblieben ist.** Unter der Zahl der Terrorakte, die unter Sonstiges eingeordnet wurden, erwecken 1930 **Brandstiftungen** die Aufmerksamkeit. Ungeachtet dessen, daß die Anzahl von Brandstiftungen gering ist (vier Fälle), verdienen sie **besondere Aufmerksamkeit. Vor 1930 fanden Brandstiftungen, eine Form der terroristischen Tätigkeit, die in den zentralen Teilen der [Sowjet]union weitverbreitet ist, auf dem mittelasiatischen Dorfe nicht statt.** Die Erscheinung von Brandstiftungen in diesem Jahr ist ein unzweifelhafter Hinweis auf eine **Verschärfung des Klassenkampfs** und vor allen Dingen Resultat der Kollektivierung (Brandstiftungen fanden ausschließlich in Kolchosen statt).

Grundmomente des Klassenkampfs, auf deren Basis der Terror zunimmt.

Die Verteilung von Terrorakten nach der Grundlage, auf der sie 1930 erwachsen, wird durch folgende Ziffern charakterisiert: auf der Basis aktiver gesellschaftlich-politischer Arbeit – 130 Fälle, in Verbindung mit der Kollektivierung – 127 Fälle, auf der Basis privater Gründe – 46 Fälle, in Verbindung mit der Getreidebeschaffung – 17 Fälle, in Verbindung mit der Baumwollbeschaffung – 13 Fälle, auf der Basis von Steuerauflagen – 8 Fälle.

Die[se] Ziffern erlauben in der Gegenüberstellung mit Daten zum Baj-Terror für 1928 folgende Schlußfolgerungen zu ziehen:

1) Das bedeutende Sinken des Anteils von Terrorakten auf der Basis privater Gründe, das 1929 deutlich zu bemerken war (1928 fanden 50% aller Terrorakte auf dieser Basis statt, 1929 nur 13%), **bestätigt sich 1930 vollkommen** klar (von 342 Terrorakten fanden nur 46 auf der Basis privater Gründe statt). Damit ist der rein **politische, klassen [bedingte] Charakter des Terrors in diesem Jahr vollkommen offensichtlich geworden.**

2) Breite Ausmaße hat die terroristische Tätigkeit des Kulakentums in Verbindung mit der Kollektivierung angenommen.

3) **Das Anwachsen des Baj-Terrors ist unmittelbar mit den wirtschaftlichen Hauptkampagnen verbunden.**

Die Zusammensetzung der Teilnehmer und der Objekte des Terrors.

Die Gesamtdaten über die Zusammensetzung der Teilnehmer und der Objekte des Terrors für 1928, 1929 und 1930 erlauben zu konstatieren:

1) Die Menge der Dorfaktivisten aus den Landarbeitern, Klein- und Mittelbauern, die dem Baj-Terror zum Opfer fallen,

wächst ununterbrochen (1928 – 92 Fälle, 1929 – 170 Fälle, und für die [ersten] zehn Monate von 1930 – 144 Fälle).

2) Gleichzeitig **wächst** der Anteil von unteren Sowjet- und Parteifunktionären, die die richtige Klassenlinie verfolgen, unter den Objekten des Terrors **ununterbrochen**.

Damit hat sich, ungeachtet der bis jetzt bestehenden Massenverschmutztheit des Apparats, **das Gesunde in den Dorfräten erweitert und gefestigt**. 1928 fielen insgesamt 28 untere Funktionäre dem Terror zum Opfer, 1929 – 49 Funktionäre, und in den [ersten] zehn Monaten von 1930 – 133 Funktionäre. Damit vollzog sich 1930, ungeachtet des generellen Sinkens der terroristischen Tätigkeit im Vergleich zu 1929, **nicht nur ein relatives, sondern auch ein absolutes Anwachsen dieses Typs von Terror**.

Die Organisatoren des Terrors sind in der gewaltigen, überwiegenden Mehrheit der Fälle das Bajtum und die Geistlichkeit.

VII. DAS BASMATSCHITUM

Zum 1. Januar 1930 gab es in Uzbekistan, Turkmenien und Kirgizien insgesamt 11 Banden mit einer Gesamtzahl von 207 Kämpfern. Vom Basmatschitum waren hauptsächlich das **Bekken von Fergana und der Kreis Tašauz** befallen. Alle 11 Banden stellten einerseits **historische Überbleibsel des Džunaidtums**[30] (Kreis Tašauz) vor, und andererseits **Ferganaer**

---

[30] Anspielung auf das Wirken Ǧunaid Ḫāns (1862-1932/8(?); eigentlich Qurbān Muḥammad; der Ehrentitel „Ǧunaid Ḫān" wurde ihm (1915?) vom Stamm Ǧunaid der Yomud-Turkmenen verliehen). Er hatte 1929 endgültig aus Chorezm über Iran nach Afghanistan fliehen müssen, wo er dann im Exil starb. – Ǧunaid Ḫān hat schon vor der Revolution, 1915-16, eine Revolte der turkmenischen Bevölkerung gegen den *ḫān* von Ḫīva (damals russisches Protektorat) Isfandiyār Ḫān (ein Uzbeke) angeführt; vor der schließlich infolgedessen gegen ihn organisierten russischen Strafexpedition entfloh er März 1916 nach Persien; September 1917 kehrte er nach Ḫīva zurück und verbündete sich mit dem von der Provisorischen Regierung dorthin entsandten Truppenkommandeur Ivan Matveevič Zajcev, der sich seinerseits dann Anfang 1918 gegen die neu-

und kirgizische Banden, die 1929 nicht völlig zerschlagen worden waren. Mit Einbruch des Winters und durch die bedeutenden Verluste während der Operationen von 1929 gingen alle Banden tief in den Untergrund und stellten ihre Tätigkeit faktisch ein. Eine allgemeine Belebung der Basmatschi-Tätigkeit sowie auch aller antisowjetischen Aktivität des Bajtums begann 1930 im Februar. Die in breiten Ausmaßen durchgeführte Kampagne zur Kollektivierung und die sie begleitenden Übertreibungen und Entstellungen, die eine scharfe Unzufriedenheit der Bevölkerung schufen, aktivierten einen bedeutenden Teil der Bajs und ehemaligen Kurbašis[31], und erlaubten ihnen, in den Untergrund zu gehen und eine **aktive Vorbereitungsarbeit zu Auftritten anzufangen**. In der Periode Februar-Juli wird die Aktivierung des Basmatschitums vom Erscheinen **14 neuer Banden** begleitet, die eine aktive Tätigkeit entfalten, **Plünderungen von Staats- und Kooperativenläden, Kolchosen und terroristische Akte gegen Sowjet- und Parteifunktionäre und das Dorfaktiv durchführen**. An die Spitze der Banden stellen sich ehemalige Kurbašis, die in Verbindung mit der allgemeinen Verschärfung des Klassenkampfs aktiviert wurden, und die Anführer der Aufstände von Ablyk, Talas und Alaj-Gul'ča, **die nach der Zerschlagung der Hauptaufstands-**

---

entstandene Sowjetmacht wandte, aber Februar 1918 durch sie bei Samarkand seiner Truppen beraubt werden konnte. Ǧunaid Ḫān baute 1918 seine Macht in Ḫīva Zug um Zug aus und ließ September 1918 den Herrscher Isfandiyār Ḫān ermorden, an dessen Stelle dann Abdullāh Ḫān eingesetzt wurde. Gleichzeitig geriet Ǧunaid in Händel mit Trupps und Vertretern der Sowjetmacht, die schließlich Anfang 1920 in Ḫīva militärisch intervenierte und dort die Chorezmische Volksrepublik einrichtete. Ǧunaid Ḫān zog sich in die Wüste Qarā Kūm zurück, stellte jedoch des weiteren einen ständigen Unruhefaktor dar; Januar 1924 belagerte er für 3$^1/_2$ Wochen die Hauptstadt. Infolge einer Strafexpedition der Roten Armee, die in dieser Sache organisiert wurde, spielte Ǧunaid Ḫān dann bis zu seinem Verlassen sowjetischen Territoriums 1929 kaum noch eine Rolle als Unruhefaktor im ehemaligen Ḫīva (vgl. Becker, *Russia's Protectorates* 234 ff., 283 ff.; Yaroshevski, *Peripheral Opposition in Khiva* 23 ff.).

[31] Von turksprachig *qūrbāšī*(Bandenführer), in Turkestan vor der Revolution gebräuchlicher Titel für Leiter der (muslimischen) Polizeitruppe und Nachtwache in den Städten, (dann?) eine gängige Bezeichnung für Basmatschi-Führer.

kräfte und dem Weggang des klein-mittelbäuerlichen Elements von den Aufständischen gezwungen waren, sich zu verstecken. Im Ergebnis der aktiven operativen Arbeit, die die allgemeine Belebung des Basmatschitums begleitete, waren gegen Ende Juli **11 Banden mit einer Gesamtzahl von 833 Kurbašis und Kämpfern** liquidiert. Juli-Oktober setzt eine allgemeine Verringerung der Basmatschi-Tätigkeit ein, die jedoch von einem Auftauchen **neuer Basmatschi-Herde** im Bezirk Bazar-Kurgan des ehemaligen Kreises Oš, im ehemaligen Kreis Kaška-Dar'ja und in Tadschikistan begleitet wird. Im Bezirk Bazar-Kurgan, der schon in der ersten Hälfte des Jahres vom Basmatschitum befallen war, erschienen im Laufe Juli-Oktober **6 neue Banden mit der Gesamtzahl von 151 Kämpfern**, dank der Schwäche der Kampfhandlungen und einer nicht hinreichend klaren und entschlossenen Korrektur der Übertreibungen und Entstellungen, die den Frühjahrsaufschwung des Basmatschitums hervorgerufen hatten. Besondere Aufmerksamkeit verdient das Aufflammen des Basmatschitums im Kreis Kaška-Dar'ja, das durch lokale Ursachen hervorgerufen wurde (am 13. 9. Flucht von 32 aktiven Banditen-Verbrechern aus der Besserungsanstalt von Kaška-Dar'ja), aber **vom Bajtum breit als neue Form der Kampftaktik gegen die Sowjetmacht und ihre Maßnahmen ausgenutzt wurde.** In Verbindung mit der Konzentration um die Flüchtlinge aus der Besserungsanstalt und der Aktivierung der Verbrecher läuft diese Taktik auf folgendes hinaus: da das Bajtum in bedeutendem Grade seine Stütze in den klein- und mittelbäuerlichen Massen verloren hat, **ist es der Möglichkeit beraubt, eine breite Anwerbung von Klein- und Mittelbauern in die Banden durchzuführen.** Weil die Organisierung der Banden ausschließlich aus dem Baj-Element erfolgt, ist sie natürlich zum Mißerfolg verdammt. Die Organisatoren des Basmatschitums, die Bajs, unterstützen daher die im Kreis Kaška-Dar'ja tätigen Verbrecherbanden, führen sie an und erweisen ihnen **nur während der Ausführung von Überfällen** bewaffnete Unterstützung. Nach den Überfällen verteilen sich die Bajs, die aktiv an den Überfällen teilgenommen haben, auf ihre Dörfer, **verbrei-**

ten lügenhafte Gerüchte über die Kräfte der Basmatschis und terrorisieren die Bevölkerung, wodurch sie anstreben, die Klassenaktivität der Armen und der Landarbeiter zu schwächen.

Das Erscheinen von Basmatschi-Herden in Tadschikistan ist **auf unmittelbare Weise damit verbunden,** daß eine Reihe von Bezirken der Republik von Basmatschi-Aufstandsorganisationen befallen ist, die eine bedeutende Agitations- und Organisationsarbeit **zum Sammeln und Aktivieren von Basmatschi-Kadern** ausgeführt haben. Im Ergebnis genau dieser Arbeit operierten auf dem Territorium Tadschikistans zum 24. 9. neun Banden mit einer Gesamtzahl von 196 Kämpfern.

Damit entstanden im Verlaufe von 1930 **gewaltige Herde** der Basmatschi-Bewegung im Becken von Fergana und in Südkirgizien, sowie unbedeutendere Basmatschi-Formierungen im ehemaligen Kreis Kaška-Dar'ja in Tadschikistan.

Zum 1. Oktober 1930 war die Basmatschi-Bewegung im Becken von Fergana und in Südkirgizien, die eine besonders ernsthafte Gefahr infolge ihrer **Ausmaße und Verbindungen mit der konterrevolutionären Aufstandsorganisation Nasyrchan Tjuras** darstellte, vollkommen durch [die Anwendung] einer Kombination von [militärischen] Kampfhandlungen und Agententätigkeit liquidiert, wobei infolge spezifischer Erschwernisse der Kampfhandlungen, besonders im Kampf mit dem Basmatschitum Südkirgiziens, **die Agentenmethoden der Zersetzung breit angewandt wurden und die dominierende Rolle spielten.** Zum 25. November hat sich das Basmatschitum als mehr oder minder aktive und ernsthafte Kraft auf dem Territorium Mittelasiens nur im ehemaligen Kaška-Dar'ja-Kreis und in Tadschikistan erhalten.

VIII. DIE POLITISCHE PLATTFORM DER BASMATSCHI-AUFSTANDSBEWEGUNG

Die Basmatschi-Aufstandsbewegung auf dem Territorium Mittelasiens stellt 1930 den deutlichsten Gradmesser der **Schär-**

fe des Klassenkampfs dar. Die Periode ihrer Entwicklung entfällt hauptsächlich auf die erste Hälfte von 1930, sie ergriff das Becken von Fergana, die Oase von Chorezm, die Grenzbezirke Tadschikistans, den ehemaligen Kreis Surchan-Dar'ja, den Bezirk Alaj-Gul'ča, den ehemaligen Kreis Oš, den Kanton Talas Nordkirgiziens, und zuletzt den Bezirk Angren des ehemaligen Kreises Taschkent. In der ersten Hälfte von 1930 entstanden folgende bamatschi-aufständische und konterrevolutionäre Organisationen und Aufstände, und wurden [wieder] liquidiert: a) die Organisation von Nasyrchan Tjura im Becken von Fergana, b) die Organisation von Burchanetdin Maksum in der Oase von Chorezm, c) 7 konterrevolutionäre Organisationen in den Grenzbezirken Tadschikistans, d) eine konterrevolutionäre Organisation im Kreis Surchan-Dar'ja, e) der Aufstand von Talas, f) der Aufstand von Alaj-Gul'ča, und g) der Aufstand von Ablyk. Die politischen Ziele aller Basmatschi-Aufstandsorganisationen waren im Grunde gleichartig und liefen auf die **Organisation eines bewaffneten Aufstands** hinaus, **mit dem Ziel, die Sowjetmacht zu stürzen und ein feudales Regime (Chanat, Emirat etc.) wiederherzustellen.** Am klarsten hat der Führer der konterrevolutionären Organisation im Becken von Fergana, Nasyrchan Tjura, eine politische Plattform der Aufstandsbewegung ausgearbeitet. Zugleich bildet diese Organisation das **einzige Beispiel der Herstellung eines schriftlichen politischen Programms durch ländliche konterrevolutionäre Organisationen.** Bei den politischen Zielen der Führer des Aufstands von Talas erweckt jener Umstand die Aufmerksamkeit, daß die Organisatoren des Aufstands, Bajs und Manapen[32], meinten, während sie sich als letztliche Aufgabe den Sturz der Sowjetmacht stellten, daß – sogar im Falle eines Mißerfolgs – der Aufstand [uns] zwänge, den **Klassendruck auf die kapitalistischen Elemente abzuschwächen.**

---

[32] Zu *manap* vgl. o. in der Vorbemerkung Anm. 109.

IX. DIE VORBEREITUNG EINER BASMATSCHI-AUFSTANDS-BEWEGUNG AN DER AFGHANISCHEN GRENZE
(Tadschikistan und ehemaliger Kreis Surchan-Dar'ja)

Der allumfassende Angriff auf das Bajtum und die einschneidende Verschärfung des Klassenkampfs, die 1930 das gesamte Territorium Mittelasiens erfaßten, die Massenrepressionen in Verbindung mit der Baj-Sabotage von Wirtschaftskampagnen, die von bedeutenden Entstellungen der Parteilinie hinsichtlich der klein- und mittelbäuerlichen Kreise begleitet waren, führten zu einer besonders scharfen und direkten Aktivierung der Baj-Konterrevolution in den Grenzbezirken Tadschikistans mit Afghanistan und im ehemaligen Kreis Surchan-Dar'ja, **die die Form einer breiten Vorbereitung der Basmatschi-Aufstandsbewegung annahm.** Solch eine Ausrichtung der baj-konterrevolutionären Arbeit in diesen Bezirken erklärt sich durch ihre **Nähe zu den Basmatschi-Zentren im grenznahen Ausland (Ibragim Bek, Fuzail Maksum, Utan Bek, Churam Bek etc.)**[33] **und durch die breiten Verbindungen, die diese Basmatschi-Führer des grenznahen Auslands mit dem konterrevolutionären Bajtum unseres Territoriums bewahrt haben.** Die direkte Leitung der konterrevolutionären Arbeit auf unserem Territorium durch die Basmatschi-Zentren im grenznahen Ausland ist ein unbestrittenes Faktum, das durch zahlreiche Untersuchungsmaterialien zu allen Basmatschi-Aufstandsorganisationen bestätigt wird.

---

[33] Zu den hier genannten Basmatschi-Führern, die – bis auf Fużail Maḥṣūm, der bereits 1923 gezwungen war, Tadschikistan zu verlassen – im Zuge der sog. Stoßkampagne gegen die Basmatschis von 1926 nach Afghanistan rausgedrängt worden waren, vgl. die nachfolgenden Anmerkungen.

ÜBERSETZUNG

UNTERSUCHUNGSMATERIALIEN ZU DEN VERBINDUNGEN MIT DEM GRENZNAHEN AUSLAND

Die konterrevolutionäre Organisation von Surchan-Dar'ja. Leitung IBRAGIM BEK.[34]

---

[34] Ibrāhīm Bīk, der prominenteste Basmatschi-Führer Tadschikistans, ein Laqay-Uzbeke, wurde 1890/91 als jüngster Sohn des Čakābāy in Kūktāš (später Leninskij, heute: Somonī šahrča), einem 80-Häuser-Dorf südlich von Dušanbe am Kāfirnihān geboren; sein Vater war Dorfältester und Sippen-Führer der Isanḫʷāǧa, hatte Ränge vom Emir von Buchara verliehen bekommen, zuletzt den siebtniedrigsten säkularen Rang eines *tūqsāba*; bis zum Tode seines Vaters (ca. 1912) führte Ibrāhīm ein sorgenfreies Leben, besuchte für anderthalb Jahre einen *maktab* (infolgedessen konnte er ein bißchen arabische Schrift lesen, aber nichts außer seiner Unterschrift schreiben), und war ein passionierter *buzkašī*-Spieler; sein Vater hinterließ Schulden, so daß Ibrāhīm sich vor den Gläubigern verstecken mußte; 1921, nach der Flucht des Emirs im April aus Ost-Buchara nach Afghanistan, trat Ibrāhīm als Kämpfer in die Gruppe von ʿAbdulqayyūm Parvānačī (seinem späteren Schwiegervater) ein, der bald erkrankte und Ibrāhīm übernahm an seiner Stelle Sommer 1921 die Führung über den Trupp der Laqay, zog nach Ḥiṣār, wo ihn die Bevölkerung zum *bīk* (Provinzgouverneur) wählte; im Zuge der sowjetischen „Stoßkampagne" gegen die Basmatschis von 1926 war er gezwungen, nach Afghanistan zu fliehen, wohin er am 21. Juni mit 50 Mann übersetzte (zu dieser Angabe vgl. RGVA: f. 110, op. 3, d. 1165, l. 219); dort lebte er bis Ende 1928 als Müßiggänger in der Nähe des emigrierten Emirs von Buchara (in Qalʿa-yi Fatū), von dem er eine monatliche Rente von 1500 Rupien erhielt, und zusätzlich 500 Rupien vom afghanischen König Amānullāh; Anfang 1929 schloß er sich Bača-yi Saqāū an, der Januar-Oktober den afghanischen Thron usurpierte, bis er von Muḥammad Nādir Ḫān überwältigt wurde, der September 1930 offiziell König wurde; Ibrāhīm Bīk, der als Militärführer Bača-yi Saqās in Nordafghanistan weilte, konnte sich nicht mit Nādir Šāh einigen, geriet zunehmend unter Bedrängnis von dessen Truppen (und auch der Roten Armee, die z. B. Juni 1930 auf afghanisches Gebiet vorstieß) und schließlich setzten er (mit 400 Kämpfern, von den 200 bewaffnet waren), andere Basmatschi-Führer, und Tausende von Emigranten Frühjahr 1931 bei Čūbak (heute ein kleines Dorf südöstl. von Moskovskij) nach Tadschikistan über; vorangegangene Verhandlungen mit dem Leiter der sowjetischen Grenzschutztruppe nützten ihnen wenig, sie gerieten bereits bei der Überquerung des Panǧ unter Beschuß und Rotarmeeinheiten nahmen die Verfolgung Ibrāhīm Bīks auf; Juni 1931 wurde er gefangen genommen und an die OGPU nach Taschkent überstellt, am 13. April 1932 vom Kollegium der OGPU zum Tode verurteilt und wohl bald darauf erschossen (vgl. Archiv des KGB Uzbekistans, Akte 244160, Bd. II, 1 ff.).

„Am 20. März 1930 gab es im Dorf Kara-Džumiljak eine breite Besprechung ehemaliger Basmatschis und von Bajs, denen die Bürgerrechte entzogen worden waren und die sich versteckt haben, unter der Leitung von **Chusain Davletov**. **Auf dieser Beratung wurde ein Brief Ibragim Beks verlesen**. In dem Brief hieß es: »Wer sich für einen Muslim hält und an Gott glaubt, der soll sich zu Kampfhandlungen bereithalten, die nach Kurban Bajram[35] beginnen«. **Im Namen der Versammlung wurde ein Antwortbrief an Ibragim Bek verfaßt, daß sie zum Auftreten bereit seien und auf die Ankunft seiner Truppen warten würden.**"

Verbindungen mit Utan Bek.[36]

„Sommer 1929 kam Utan Bek mit seiner Bande in den Bezirk Išchabad-Tugaj **und stieg im Hause eines Mitglieds der Organisation ab.**"

„Chusain Davljatov (der Führer der konterrevolutionären Organisation von Surchan-Dar'ja)[37] hat tatsäch-

---

[35] Turksprachig *qurbān bairāmi* (= Opferfest), das am 10. Ḏū l-ḥiǧǧa mit der Schlachtung eines Hammels aus Anlaß der Beendigung der Pilgerfahrt (*ḥaǧǧ*) gefeiert wird; 1930 fiel das Opferfest auf den 9. Mai.

[36] Utān Bīk, ein Qungrad-Uzbeke, im Zuge der „Stoßkampagne" 1926 mit Überresten seines kleinen Trupps nach Afghanistan emigriert, unterstellte sich 1930 mit seinem Trupp Ibrāhīm Bīk und führte 1931 die o. Anm. 34 erwähnten Verhandlungen mit den sowjetischen Grenzschützern; in Tadschikistan, wo ihn Ibrāhīm Bīk nach Hause schickte, verlieren sich dann seine Spuren (vgl. *op. cit.*, Bd. II, 44, 71, 75, 79, 90, 100, 107).

[37] Über diese Angaben hinaus ist einer Anklageschrift der OGPU von Tirmiz, 1. Oktober 1931, gegen die „konterrevolutionäre Basmatschi-Bande von Ḥusain Bīk Daulat(ov)" zu entnehmen, das er 1922-25 als Basmatschi-Führer hervorgetreten war und sich dann freiwillig ergeben hatte; seit 1927 – wirft ihm die Anklage vor – habe er im Bezirk Dihnau des ehem. Kreises Surḥān Daryā eine Untergrund-Basmatschi-Organisation aufgebaut und angeführt; im Moment der Verhaftung der Mitglieder dieser Organisation habe er sich nach Afghanistan abgesetzt, von wo er April 1931 wieder zurückgekehrt und binnen weniger Tage mit einem 300 Mann starken Basmatschi-Trupp zu aktiven Kampfhandlungen gegen die Sowjetmacht übergegangen sei (Ziel: Wiederherstellung des Emirats von Buchara); am 3. Mai habe er das erste Gefecht mit Rotarmee-Einheiten angenommen, in dessen Verlauf er getötet worden sei (Archiv des

lich nach der Verwundung Utan Beks letzteren vertreten."

Die Gruppierung von Džirgatal' (Tadschikistan).
„Der führende Kern der Gruppe war eng mit Fuzail Maksum[38] verbunden. Um die Verbindung mit Fuzail Maksum aufrechtzuerhalten, wurden spezielle Kuriere bestimmt."

Die Gruppierung von Karatag.
„Die Führer der Gruppierung unterhielten eine persönliche Verbindung mit Fuzail Maksum und Ibragim Bek, erhielten von letzteren Briefe mit Hinweisen auf die Notwendigkeit, die Basmatschi-Bewegung zu organisieren."

Die Gruppierung von Šajnak.
„Die Gruppierung hat über Spezialkuriere eine regelmäßige Verbindung mit Ibragim Bek unterhalten und sich durch Anweisungen aus dem grenznahen Ausland nicht nur systematisch auf die Organisierung der Basmatschi-Bewegung auf unserem Territorium vorbereitet, sondern führte auch eine Sammlung materieller Mittel für die Banden im grenznahen Ausland durch."

KGB der Uzbekischen SSR, Akte Nr. 25402).

[38] Fużail Maḥṣūm (maḥṣūm steht gleichbedeutend mit maḫdūm für Nachkommen von hochrangigen religiösen Würdenträgern), der (ehem.) bīk (Statthalter) der Provinz (vilāyat des Emirats von Buchara) Qarātigīn (heute: Ġarm), geb. (?) in Mītaniyān, einem Dorf bei Nušār, auf dem halben Wege zwischen den Städtchen Ġarm und Ġīrgatāl; seit 1921 Basmatschi-Führer; August 1923 infolge der Karateginskaja ėkspedicija der Roten Armee gezwungen, nach Afghanistan zu fliehen (Darvāz); April 1929 setzte er in der Nähe von Qalʿa-yi Ḥūm über den Panğ auf tadschikisches Territorium über, verunsicherte für knapp einen Monat Darvāz (das tadschikische) und Qarātigīn; Mai 1929 entfloh er wieder nach Afghanistan (Darvāz); zu seinem weiteren Schicksal liegen mir keine Angaben vor (vgl. Kozlovskij, Za krasnyj Turkestan 90 f.; Vasilevskij, Fazy basmačeskogo dviženija 136, 138 ff.; ĖST VII, 587).

Die Gruppierung von Marakan.

„Aufgrund von Anweisungen aus dem **grenznahen Ausland** wurde die Organisation von Banden auf dem Wege von Agitation und anderer Arten der konterrevolutionären Arbeit vorbereitet, wurde eine moralische Vorbereitung der Bevölkerung auf den Überwechsel **Ibragim Beks** auf unser Territorium durchgeführt, und in breiten Ausmaßen eine Sammlung materieller Mittel für die Banden im grenznahen Ausland unternommen."

Die Gruppierung von Čim-Kurgan.

„Die Gruppierung unterhielt eine systematische Verbindung über **Spezialkuriere mit Ibragim Bek** und informierte letzteren regelmäßig über ihre Tätigkeit."

Die Gruppierung von Stalinabad[39]**.**

„Der gesamte Führungskern der Gruppierung war **auf engste Weise mit Ibragim Bek verbunden,** und hat ihre gesamte Tätigkeit auf direkte Direktiven des letzteren hin durchgeführt. Die Führung der Gruppierung organisierte **Spionage zugunsten Ibragim Beks und informierte ihn über den Zustand der Einheiten der Roten Armee.**"

Die Gruppierung von Kizil-Mazar.

„Die Gruppierung brachte aufgrund von Direktiven **Ibragim Beks** gewaltsam einen muslimischen Freiwilligentrupp in Kizil-Mazar unter ihren Einfluß."

Die Gruppierung von Kuljab.

„Der Führungskern der Gruppierung **war eng mit Ibragim Bek verbunden. Einige Führer der Gruppierung besuchten den letzteren auf afghanischem Territorium.** Aufgrund einer Direktive **Ibragim Beks** konzentrierte die Gruppierung ihre Aufmerksamkeit auf die Orga-

---

[39] Die Hauptstadt Tadschikistans, Dušanbe, die von 1929 bis 1961 Stalinābād hieß.

nisierung eines inneren Basmatschitums und die Sammlung von materiellen Mitteln für die Banden im grenznahen Ausland."

AUSSAGEN VON ANGEKLAGTEN ZU DEN VERBINDUNGEN MIT DEM GRENZNAHEN AUSLAND

Die Gruppierung von Čim-Kurgan.
„Chodži Kul'džan Baj hatte einen Brief von Ibragim Bek, der [ihm] geschrieben hatte, daß er bald zu uns kommen werde und es nötig sei, sich darauf vorzubereiten."

Die Stalinabader Gruppierung.
„Jarmat Datcho und Chodži Jakub Baj (die Führer der Gruppierung)[40] erhielten einen Brief von Ibragim Bek. Der Inhalt des Briefes lief darauf hinaus, daß Ibragim Bek mit Hilfe der Engländer bald einen Angriff auf unser Territorium führt."[41]

---

[40] Der erstere könnte identisch sein mit Yār Muḥammad (*dādh'āh*, „eifrig um die Rechtspflege bemühter", war der sechsthöchste säkulare Rang im Emirat von Buchara), der mir für Frühjahr/Sommer 1921 als ein Basmatschi-Führer bekannt ist, dem Ibrāhīm Bīk noch unterstellt war (AKPT: f. 1, op. 1, d. 135, l. 34 (ein Brief des Emirs aus Afghanistan)). – Ein gewisser Ḥāǧǧī Ya'qūb zählte zu den Mitgliedern des am 7. Juli 1924 geschaffenen ZEK Ost-Bucharas (CGA PT: f. 2, op. 1, d. 2, l. 44 (Zirkular Nr. 1 des ZEK Ost-Bucharas vom 8. Juli 1924)).
[41] Daß Ibrāhīm Bīk solche Propaganda betrieb, ist durchaus wahrscheinlich, dahinter stand jedoch nichts (derartige Behauptungen tauchen in einschlägigen Schreiben von Basmatschi-Führern immer wieder auf, wie auch schon beispielsweise in dem (Anm. 40) erwähnten Brief des Emirs: „Am Donnerstag kam die Nachricht, daß sich der Staat Afghanistan zusammen mit Britannien-England das Ziel gesetzt hat, mit den *ǧadīd*en [pejorativ für „muslimische Modernisten", gemeint ist die Regierung der Volksrepublik Buchara] Schluß zu machen. In dieser Hinsicht haben sich die genannten Staaten voll entschieden, Seiner Hoheit zu helfen. Seine Hoheit hat sich daran gemacht, Waffen und Ausrüstung für das Geld zu kaufen, das ihm von den genannten Staaten gegeben wurde. [... ...] Wir schicken euch [anliegend] eine türkische Zeitung mit", wozu

Die Gruppierung von Šajnak.
„Der Briefwechsel Ibragim Beks mit Mitgliedern der Gruppierung wurde über Spezialkuriere aufrechterhalten. In einem jener Briefe bat **Ibragim Bek**, ihm materielle Hilfe zu erweisen."

Damit kann man auf der Basis von Untersuchungsmaterialien für völlig erwiesen halten, daß **sich die Vorbereitung auf eine Basmatschi-Aufstandstätigkeit in den Grenzbezirken der Tadschikischen SSR und im ehemaligen Kreis Surchan-Dar'ja faktisch durch die konterrevolutionären Zellen Ibragim Beks realisierte**. Eine allgemeine Gravitation aller antisowjetischen konterrevolutionären Kräfte des grenznahen Dorfes zu **Ibragim Bek** stellt den **charakteristischen Zug der Baj-Konterrevolution entlang der gesamten afghanischen Grenze mit Tadschikistan** dar.

Das Ausmaß der Vorbereitung zur Basmatschi-Aufstandsbewegung.

Die von **Ibragim Bek** und anderen Basmatschi-Führern im grenznahen Ausland organisierte Vorbereitung einer Basmatschi-Aufstandsbewegung hatte einen äußerst breiten Charakter. **Von der Vorbereitung wurden die Bezirke Džirgatal', Jangi-Bazar, Čim-Kurgan, Šajnak, Stalinabad und Kizil-Mazar in Tadschikistan, sowie der Bezirk Denau im ehemaligen Kreis Surchan-Dar'ja erfaßt**. Die Basmatschi-Aufstandsgruppierungen wuchsen im Laufe von 1930 zu Ausmaßen von Massen-

---

der Übersetzer 1924 anmerkte: „Mit solchen »Enten« wurde das Basmatschitum von Anfang an, und verstärkt bis 1923 das Basmatschitum von Ost-Buchara unterstützt, bis hin zu absurden Gerüchten über die Entsendung englischer Artillerie auf Elefanten nach Ost-Buchara. Der türkische Zeitungsartikel ist voll von solchen erdichteten »Enten«."(*loc. cit.*)). – Für die sowjetische Propaganda waren derartige Behauptungen natürlich ein gefundenes Fressen, und ebenso für die Konstruktionen der späteren sowjetischen Forschungsliteratur.

organisationen heran, **die fast alle Dörfer der obengenannten Bezirke erfaßten.**
Im Augenblick der Liquidierung durch unsere Organe wurde die zahlenmäßige Zusammensetzung dieser Basmatschi-Aufstandseinheiten durch folgende Ziffern charakterisiert:

Bezeichnung der Gruppierung	Zahlenstärke
Surchan-Dar'ja	157 Mann
Džirgatal'	102 "
Jangi Bazar	81 "
Čim-Kurgan	30 "
Karatag	265 "
Šajnak	58 "
Stalinabad	137 "
Kizil-Mazar	85 "
Kuljab	150 "
Insgesamt	**1.065** "

Die breit entfaltete Vorbereitung auf eine Basmatschi-Aufstandstätigkeit, die hinreichend klar durch diese Ziffern charakterisiert wird, entfällt fast gänzlich auf die erste Hälfte von 1930. In der zweiten Hälfte von 1930, nach der Zerschlagung der basmatschi-aufständischen Hauptkräfte und der scharf erschütterten Lage **Ibragim Beks,**[42] entfaltete **nur noch eine** Basmatschi-Aufstandsgruppierung ihre Tätigkeit. Eine solche Entwicklung der Bewegung unterstreicht einmal mehr die Rolle und Bedeutung der Basmatschi-Zentren im grenznahen Ausland bei der Entwicklung der Baj-Konterrevolution in den Grenzbezirken zu Afghanistan.

---

[42] Vgl. o. Anm. 34 zu seiner Situation in Afghanistan, wo ihn neben den Truppen Nādir Ḫāns Sommer 1930 auch noch Einheiten der Roten Armee militärisch unter Druck setzten.

Die Arbeitsmethoden.

Die Arbeitsmethoden der Basmatschi-Aufstandsorganisationen in Tadschikistan und im ehemaligen Kreis Surchan-Dar'ja stellen sich als eine charakteristische Summe aller konterrevolutionären Maßnahmen des Bajtums vor. Die Bestandteile der Tätigkeit dieser Organisationen waren damit:

1) eine breitentfaltete konterrevolutionäre Agitation gegen Maßnahmen der Sowjetmacht mit dem Ziel, eine Massenunzufriedenheit der Bevölkerung zu erwecken, die als Hauptziel die moralische Vorbereitung der Massen auf den Überwechsel [auf unser Territorium] und die Unterstützung Ibragim Beks hatte;

2) das Eindringen in den unteren Sowjetapparat zur Schwächung und Unterbindung der Klassenmaßnahmen, die den Hauptkern der Mitglieder der Organisation bekämpften, und zum Zwecke, ungefährdet konterrevolutionäre Tätigkeit zu betreiben;

3) die konterrevolutionäre Sabotage der Hauptwirtschaftskampagnen seitens der Mitglieder der Basmatschi-Aufstandsorganisationen.

UNTERSUCHUNGSMATERIALIEN

Die Organisation von Surchan-Dar'ja.

„Es haben über zehn Geheimbesprechungen von Mitgliedern der Organisation in verschiedenen Dörfern des Bezirks Denau unter dem Schein von Festen (toj)[43] stattgefunden. Bei den Besprechungen wurde über die Notwendigkeit gesprochen, in geeigneten Fällen gegen die Behörden zu agitieren, hauptsächlich in Fragen der Kollektivierung, der Befreiung der Frauen, freiwilliger Arbeitsdienste und der Entkulakisierung."

---

[43] Zu *toj* (Fest) vgl. o. Anm. 17.

„Die durchgeführte Agitation diente der Vorbereitung zur Anwerbung neuer Mitglieder der Organisation."

Die Organisationen in Tadschikistan.

„Mullas agitierten gegen die Sowjetmacht, reisten über die Dörfer und riefen die Bevölkerung zur Verteidigung des Islam auf... Sie agitierten damit, daß **Džanybek Kazy**[44] mit chinesischen Behörden[vertretern] nach Kirgizien gekommen sei, daß **Ibragim Bek** und **Fuzail Maksum** viele Truppen hätten und bald auf unser Territorium kommen würden... Im Moment der Getreidebeschaffungkampagne wurden unter dem Bauerntum Besprechungen auf der Ebene durchgeführt, gegen die Getreidebeschaffung Widerstand zu leisten. Im Ergebnis wurden von den Bauern 1250 Pud[45] Getreide versteckt... Die Mitglieder der Gruppierung (von Karatag) weigerten sich nicht nur, die Verpflichtungen gemäß der [mit der Sowjetmacht] abgeschlossenen Verträge zu erfüllen, sondern beeinflußten durch ihre Tätigkeit auch die Bevölkerung, weshalb für den Tadschikischen Dorfsowjet (džamagat)[46] der Plan nicht erfüllt wurde... Während der Baumwollaussaat führten sie Agitation durch und verbaten den Bauern, Baumwolle auszusäen, und wiesen sie darauf hin, daß die Baumwolle nicht das Bauerntum sondern die Sowjetmacht bräuchte... Sie führten folgende Agitation: »Die [Sowjet]macht baut Schulen, um unsere Kinder zu verderben, plündert uns durch Steuern aus, will unsere Frauen entschleiern«.

---

[44] Der (ehemalige) *qāzī* Ġānī Bīk hatte z. B. 1921-22 einen Basmatschi-Trupp im Becken von Fergana geführt (vgl. *Sovetskaja derevnja glazami VČK-OGPU* I, 520, 569).

[45] 1 Pud = 16,38 kg; die Bauern sollten also rund 20^1/$_2$ Tonnen Getreide versteckt haben.

[46] Von Persisch (arabisches Lehnwort) *ǧamā'at*, Grundbedeutung: Zusammenkunft, Versammlung.

Arbeit, um in den Sowjetapparat einzudringen, ist bei allen Gruppierungen zu bemerken. Besonders hartnäckig durchgeführt wurde sie und ernsthafte Resultate erreichte sie bei den Gruppierungen von Stalinabad, Šajnak, Karatag und Džirgatal', [wo] eine Reihe von unteren Funktionären nach deren Direktiven handelte.

Die obengenannte Arbeit war zusammen mit dem Sammeln von Waffen, Mitteln, und dem faktischen Sammeln von Basmatschi-Kadern das wichtigste und weitverbreiteste Element der Tätigkeit aller Basmatschi-Aufstandsgruppierungen."

Die Zusammensetzung der konterrevolutionären Gruppierungen.

Die personelle Zusammensetzung der konterrevolutionären Gruppierungen ergibt eine klare Vorstellung von der politischen Lage auf dem Lande und von jenen Kräften, auf die sich die Basmatschi-Aufstandsbewegung stützt und die [von ihr] geleitet werden. Die zahlenmäßigen Daten zur Zusammensetzung der Führung der konterrevolutionären Gruppierungen in Tadschikistan läuft auf folgendes hinaus:
[siehe die Tabelle auf der nächsten Seite]

ÜBERSETZUNG

Bezeichnung der Gruppierung	Insgesamt	Bajs	Geistlichkeit	ehemalige Emirbeamte	Mittel- und Kleinbauern	darunter	
						ehemalige Kurbašis	gewöhnliche Basmačis
von Džirgatal'	5	–	1	4	–	–	–
von Marakan	3	2	1	–	–	–	–
von Čim-Kurgan	3	3	–	–	–	–	–
von Karatag	4	3	1	–	–	–	–
von Šajnak	5	2	3	–	–	–	–
von Stalinabad	8	8	–	–	–	1	3
von Kizyl-Mazar	2	3	–	–	–	–	1
von Kuljab	4	3	1	–	–	–	–
Insgesamt	35	24	7	4		1	4

Diese Daten erlauben, folgende Schlüsse zu ziehen:

1) **Die ganze Bewegung hatte einen klar ausgedrückten Klassencharakter.** Der Führungskern der Basmatschi-Aufstandsorganisationen gehört ausschließlich sozial-feindlichen Elementen an.

2) **Die Führung der Basmatschi-Aufstandsbewegung übernahmen hauptsächlich sozial-feindliche Elemente, die früher nicht an der Basmatschi-Bewegung teilgenommen haben. Die konterrevolutionäre Aktivität dieser Elemente ist ein direktes Ergebnis des verschärften Klassenkampfs der letzten Zeit.**

Diese Übernahme der Führung durch neue konterrevolutionäre Kader, die im Verlauf der letzten Jahre herangewachsen sind, ist in der Basmatschi-Aufstandsorganisation des Kreises Surchan-Dar'ja bedeutend weniger ausgeprägt, wo der Hauptkern der Führung **aus ehemaligen aktiven Kurbašis und Basmatschis bestand**. Aber auch hier tauchten unter den Führern liquidierte Kulaken auf, die an der Basmatschi-Bewegung nicht teilgenommen hatten.

Nicht minder charakteristisch sind die Daten zum Bestand gewöhnlicher Teilnehmer der konterrevolutionären Gruppierungen:

Bezeichnung der Gruppierung	Insgesamt	Bajs	Geistliche	Mittelbauern	Kleinbauern	Emirbeamte	Sowjetbedienstete	unklar	darunter	
									Kurbašis	gewöhnliche Basmačis
v. Džirgatal'	97	–	4	–	–	4	3	86	–	–
v. Marakan	78	7	3	3	–	3	2	60	–	–
v. Čim-Kurgan	27	5	–	4	–	1	–	17	1	–
v. Karatag	261	13	3	150	–	5	9	81	–	–
v. Šajnak	53	17	4	1	–	1	1	33	1	–
v. Stalinabad	130	48	–	35	5	5	1	35	11	49
v. Kizil-Mazar	81	18	1	28	11	7	4	28	2	14
v. Kuljab	146	32	2	91	9	–	–	91	–	22

Die Hauptschlußfolgerung, die aus diesen Zahlen gezogen werden muß, läuft darauf hinaus, daß im Ergebnis der bedeutenden anti-mittelbäuerlichen Entstellungen und Übertreibungen im Prozeß der politisch-ökonomischen Hauptkampagnen eine **bedeutende Zahl mittelbäuerlicher Elemente** sich offenbar in die Basmatschi-Aufstandstätigkeit **hineinziehen ließ**.

Außerdem unterstützen die Daten über die Zusammensetzung auf den unteren Ebenen noch deutlicher, daß die Basmatschi-Aufstandsarbeit in breiten Ausmaßen **sozial feindliche Kreise übernahmen, die in der Vergangenheit nicht am Basmatschitum teilgenommen hatten.** Diese Schlußfolgerung hinsichtlich der Zusammensetzung betrifft auch zu einem bedeutenden Grade die Aufstandsorganisation im Kreis Surchan-Dar'ja, in deren Bestand 27 Kulaken eingingen, von denen 12 liquidierte waren, die keine Beziehungen zum Basmatschitum der vergangenen Jahre hatten.

X. DIE VORBEREITUNG DER AUFSTANDSBEWEGUNG IN DER OASE VON CHOREZM

Sommer dieses Jahres [1930] wurde von der Chorezmischen Kreisabteilung der OGPU der Sohn des Išans[47] vom Bezirk Kungrad des KKAO [Karakalpakischen Autonomen Oblast'], **Burchanetdin Maksum Abdu Azimov**, verhaftet, der nach Agenturdaten der Karakalpakischen Oblast-Abteilung der OGPU konterrevolutionäre Arbeit in der Oase von Chorezm durchgeführt hat.

In den Verhören gab **Burchanetdin Maksum** an, daß er im Laufe der letzten Jahre, beginnend mit 1926, eine breite Vorbereitung auf einen bewaffneten Aufstand gegen die Sowjetmacht und für die Wiederherstellung des Chan-Regimes in Chorezm durchgeführt habe.[48] Zu diesem Zwecke bereiste **Burchanetdin** die Oase von Chorezm, stellte breite Verbindungen mit einer ganzen Reihe von Geistlichen und Stammesführern her, die das Versprechen gaben, ihm jegliche Unterstützung bei der Verwirklichung seines Plans zuteil werden zu lassen –, und grün-

---

[47] *Išān* (die 3.Person Plural des persischen Personalpronomens) ist der in Mittelasien gebräuchliche Titel für Führer einer *ṣūfī*-, Derwisch-Gemeinde.

[48] Mehr als das hier zu Burhānuddīn Maḥsūm erwähnte, ist mir nicht bekannt (zur Bedeutung von *maḥṣūm* vgl. o. Anm. 38).

dete seine Zellen und Gruppen, die Aufstandskader und Waffen bereitstellen sollten.

Durch die Angaben **Burchanetdin Išans** wurde das gesamte Netz an Kampfzellen der Organisation und ihre Führung bestimmt. Auf der Grundlage dieser Materialien läßt sich feststellen, daß von der Vorbereitung zur Auftandsbewegung erfaßt waren: die Bezirke Tašauz, Kunja-Urgenč, Tachta und Il'jala des Kreises Tašauz; die Bezirke Mangit, Chiva, Bagat und Gurlen des Kreises Chorezm; der Bezirk Darganta des Kreises Čardžuj, und eine Reihe von Bezirken des KKAO. Die Führung der Organisation zählte 79 Personen, wobei es sich ausschließlich um Groß-Bajs, Geistliche und Stammesführer handelte.

XI. DIE KONTERREVOLUTIONÄRE ORGANISATION VON NASYRCHAN TJURA UND DIE VORBEREITUNG DER BASMATSCHI-AUFSTANDSBEWEGUNG IM BECKEN VON FERGANA

Der ernsthafteste Aufmarschraum der Vorbereitung einer Basmatschi-Aufstandsbewegung war 1930 das Becken von Fergana, d.h. die Hauptbaumwollgebiete Mittelasiens mit einer hohen Klassendifferenzierung, die Arena eines verschärften Klassenkampfs im Verlauf der letzten Jahre, und periodisches Zentrum einer Massen-Basmatschi-Bewegung in den Jahren des Bürgerkriegs.[49] Der Ideologe und Organisator dieser Vorbereitung zu einer Aufstandsbewegung war **Nasyrchan Tjura Kamal'chan Tjuraev**, ein angesehener Mudarris[50] aus Namangan, in der Vergangenheit Sprecher der Stadtduma von Namangan, Vorsitzender der Geistlichen Verwaltung von Namangan, aktives Mitglied der konterrevolutionären Organisation „Milli

---

[49] Wenn auch überlicherweise die Jahre 1918-20 als Bürgerkriegsperiode bezeichnet wurden und werden, so sind an dieser Stelle – speziell mit Bezug auf die Situation in Farġāna – sicherlich die Jahre von 1918 bis Mitte der 20er einzusetzen.

[50] Professor an einer *madrasa* (islamischen Hochschule).

ittichad"⁵¹ und Minister der konterrevolutionären Regierung der Kokander Autonomie.⁵² Nach vergeblichen Versuchen 1929 die

---

⁵¹ Wenn diese Angabe gemäß der hier an sich gegebenen chronologischen Abfolge der biographischen Daten verstanden wird, dann bezieht sie sich auf die Zeit vor Ende 1917 und wäre somit anachronistisch (1917 wirkten und entstanden in Turkestan an muslimischen politischen Organisationen in der Hauptsache die šūrā-yi islāmīya („Islamischer Rat") und die konservativere ǧam'īyat-i 'ulamā'(„Vereinigung der Gelehrten"), der möglicherweise Nāṣir Ḫān zuzurechnen ist, sowie (unter ihnen) Vertreter des 1906 in Rußland gegründeten und den Konstitutionellen Demokraten assoziierten „Muslimischen Bundes" (ittifāq-i muslimīn); überdies von peripherer Bedeutung die Turk adam-i markaziyat firqasi („Turk Zentralistische Partei"; zu ihr und ihrem Programm, das dem der azerbaidschanischen Musavat Partei entsprach, vgl. Komatsu, Turkic Federalist Party 118 ff.)). Der Zusammenhang dürfte darin zu suchen sein, daß 1929/30 die OGPU in Mittelasien u. a. auch einen Schlag gegen die „städtische Konterrevolution" führte, gegen „nationalistische Abweichungen" in der Partei (vgl. Glinskij, Dvulikij vrag passim) und gegen Intellektuelle, denen u. a. vorgeworfen wurde, sich in nationalistischen Organisationen wie millī istiqlāl („Nationale Unabhängigkeit") und millī ittiḥād („Nationale Einheit") gegen die Sowjetmacht verschworen zu haben (vgl. Turdiev, Rol' Rossii 138 ff.).

⁵² Die Rede ist hier von der „Provisorischen Regierung des Autonomen Turkestan", die sich am 1. Dezember 1917 auf dem „IV. Außerordentlichen Muslimkongreß der [Turkestan-]Region" in Ḥuqand neben der Herrschaft der Taschkenter Sowjetmacht konstituiert hatte. Ihre Mitglieder und Anhänger rekrutierten sich zu einem guten Teil aus dem schmalen Kontingent politisch ambitionierter und russifizierter Muslime sowie muslimischer Modernisten, aber auch aus mittelasiatischen Juden und Vertretern des russischen Bevölkerungsanteils. Der Wirkungskreis der „Ḥuqander Autonomie" beschränkte sich wie damals der der Sowjetmacht auf einige Städte. Politisch bewegte sie sich in eine Richtung, die Vorstellungen entsprach, wie sie unter der gestürzten Provisorischen Regierung Rußlands diskutiert worden waren, indem die „Festlegung der Form der Autonomie einer Turkestaner Verfassungsgebenden Versammlung" anheimgestellt wurde. Die damaligen sowjetischen Machthaber in Taschkent stuften die Vorgänge in Ḥuqand kurzerhand als konterrevolutionär ein. Beide Regierungen waren in den nächsten zwei Monaten jedoch nicht imstande, ihre Herrschaftsansprüche gegenüber der jeweils anderen real durchzusetzen. Vom 19. Februar 1918 an wurde dann durch sowjetische Kampftrupps unter die „bürgerliche Autonomie", der bereits auf dem IV. Außerordentlichen Rätekongreß (19.-26. Januar) der „erbarmungsloseste Kampf" angesagt worden war, ein Schlußstrich gezogen. Während sich die „Provisorische Regierung des Autonomen Turkestan", die über keine den Rotgardisten-Trupps vergleichbaren militärischen Kräfte verfügte, unter dem Druck der drohenden Gewalt und konservativer Kräfte vollends auflöste und sich teilweise aus dem Staube machen konnte, gewannen die Ereignisse in Ḥuqand ihre eigene Dynamik und arteten in

[noch] vorhandenen Basmatschi-Kräfte zu aktivieren, gründete er auf dem Territorium der Bezirke Namangan, Kasansaj, Jangi-Kurgan und Čust-Pap der ehemaligen Kreise Fergana und Andižan eine **weitverzweigte konterrevolutionäre Organisation, die fähig war, gleichzeitig in einer Reihe von Punkten aufzutreten und einen bewaffneten Aufstand zu erheben.**[53] Nachdem **Nasyrchan Tjura Kamal'chan Tjuraev** in dem von ihm zusammengestellten Programm die Notwendigkeit und die Ziele einer solchen konterrevolutionären Organisation begründet hatte, warb er persönlich und durch vertraute Leute neue Mitglieder in die konterrevolutionäre Organisation an. Nachdem solchermaßen das Grundgerippe der konterrevolutionären Organisation geschaffen war, arbeitete er den detaillierten Plan eines bewaffneten Aufstands aus, und insbesondere den Plan, die Stadt Namangan einzunehmen und im Bezirk Namangan einen Aufmarschraum für Kampfhandlungen zu schaffen. Im Moment der Liquidierung **zählten die Kampfzellen der Organisation**

---

ein wüstes Gemetzel aus (vgl. Chasanov, *Al'ternativa* 105 ff.; id., *Kokandskaja avtonomija* 41 ff.; Abdullaev, *Turkestanskie progressisty* 109 ff.; Donierov, *Muchtorijat qismati* 159 ff.). Daß Nāṣir Ḫān zu den „Ministern" der „Ḫuqander Autonomie" gehörte, findet eine Bestätigung bei Tursunov, *Nacional'naja politika* 123; Hisao Komatsu verdanke ich den Hinweis, daß Nāṣir Ḫān Tūra laut Muṣṭafā Čukāev (der letzte Premierminister der „Ḫuqander Autonomie"; in seinen Memoiren Berlin/Paris 1937 (liegen mir nicht vor) S. 32, 59, 96) 1917 im Becken von Farġāna ein *Millī markaz* (Nationales Zentrum) organisiert habe, und daß er dann Bildungsminister gewesen sei.

[53] Was der Bericht an dieser und auch an anderer Stelle unterläßt zu erwähnen, ist, daß es zuletzt Oktober 1928 in genau diesem Gebiet des Beckens von Farġāna, zu einem kleineren Aufstand gekommen war, infolge der Aktivitäten des *išān*s Muḥyiddīn Qāẓī Ni'matšāh, der damals über einige 100 *murīd*en (Anhänger, Schüler) verfügte, die, – wie der entsprechende Bericht über diesen Vorgang vermerkt –, sich „überwiegend aus Kleinbauern und beleidigten Bajs" zusammensetzten. Als Resultat der „agitatorischen" Bemühungen des *išān* Muḥyiddīn in seiner Umgebung hält der fragliche Bericht fest: „daß [klassen]bewußte Komsomolzen wieder öffentlich zu beten anfingen, die schon für einige Jahre keine Moschee mehr besucht hatten. Von 211 entschleierten Frauen haben sich wieder 180 verschleiert. Die [Bauern] teilen die Ernte mit den ehemaligen Besitzern der Ländereien. Von den 284 Mitgliedern der Landarbeitergenossenschaft sind nur 40 nicht Muriden des Išāns" (RCChIDNI: f. 17, op. 67, d. 216, l. 117).

über 100 voll bearbeitete Džigiten[54], die bereit waren, auf den ersten Aufruf hin aufzutreten. Der weitverzweigte Charakter der konterrevolutionären Organisation, die exakten programmatischen und taktischen Richtlinien, die Existenz eines, sogar in strategischer Hinsicht, detailliert ausgearbeiteten Plans eines bewaffneten Aufstands, die Verbindung mit Polen, die bewußte Orientierung auf eine [ausländische] Intervention, die breitangelegte konterrevolutionäre Agitation, die mächtige Komplizenbasis, und zuletzt der besonders bedrohliche Charakter der Organisation, die sich führende Baumwollbezirke als ihr Tätigkeitsfeld ausgewählt hat, – [all diese Fakten] fordern eine genaue Analyse der Hauptuntersuchungsmaterialien, die die **Organisation Nasyrchans als klarste und bedeutendste Erscheinung der dörflichen Konterrevolution von 1930** charakterisieren.

Die Einrichtung von Zellen der konterrevolutionären Organisation.

Die Arbeit zur Gründung von Zellen der konterrevolutionären Organisation **Nasyrchan Tjuras** wurde sowohl [von ihm] persönlich, als auch von den bewährtesten Agenten, die mit ihm verbunden waren, und von angeworbenen [Agenten] durchgeführt, welche die faktischen Leiter der auf Dörfern gegründeten konterrevolutionären Zellen waren. Die gewöhnlichen Methoden der Anwerbung neuer Mitglieder der konterrevolutionären Organisation, sowohl durch **Nasyrchan Tjura** selbst, als auch durch seine Agenten waren: **die Bearbeitung sozial fremder Elemente (Kulaken, Geistliche) und ebenso ehemaliger Schüler der Madrasa von Namangan, unabhängig von ihrer sozialen Zugehörigkeit, auf dem Wege der Verbreitung**

---

[54] Fest im Russischen eingebürgertes, turksprachig/mongolisches(?) Lehnwort (dort: „Jüngling", „Prachtkerl") aus dem Kaukasusraum für Teilnehmer an Reiterkämpfen, -spielen (daher dann „Kunstreiter", „verwegener Reiter"). Im russischen Sprachgebrauch Mittelasiens steht *džigit* einfach für „Basmatschi-Kämpfer".

verlogener Gerüchte, daß **Nasyrchan Tjura** eine bedeutende Menge von Džigiten zu seiner Verfügung habe, die bereit seien, gegen die Sowjetmacht aufzutreten; [durch Verbreitung] religiöser, anti-sowjetischer Agitation zu [Themen wie] „Vernichtung der Šariat, gewaltsame Befreiung [der Frauen]" etc., und konterrevolutionärer Agitation gegen die Kollektivierung und die Liquidierung des Kulakentums als Klasse.

„Ungefähr Januar 1930 kam aus der Siedlung Kušan des Bezirks Jangi-Kurgan der dortige Einwohner **Chodžichan Kanoatov** zu mir nach Hause. Auf meine Frage, wo sich **Nasyrchan Tjura** wohl gerade befinden möge, antwortete er: **Nasyrchan Tjura** ist zu **Džanybek Kazy** gereist. Ich habe für Sie einen Auftrag von ihm derart: Sie werden sich in Namangan mit der **Anwerbung von Soldaten**[55] und Agitation zugunsten der Basmatschi-Bande **Nasyrchan Tjuras** beschäftigen. Ich erklärte mich damit einverstanden."

„Im Februar 1930 schlug mir **Nasyrchan Tjura** vor, für ihn 10-15 Kämpfer anzuwerben, insgesamt soviel ich könne, die sich ihm dann nach Kurban-Chait[56] anschließen sollten."

„**Nasyrchan Tjura** schlug **Chodža Berdy Madaminov** vor, zu ihm in die Bande einzutreten, und schlug vor, sich mit der Vorbereitung von Džigiten zu beschäftigen. Damit erklärte sich **Chodža Berdy** einverstanden und sagte, daß er in Kum-Kurgan 3-4 Mann habe. Danach reiste **Chodža Berdy Madaminov** nach Kum-Kurgan und teilte mir später mit, daß er dort 5 Kämpfer mit **Chodžachan-Bek Chodžaev** an der Spitze vorbereitet habe."

---

[55] An dieser und anderen Stellen des Textes, die mit „Soldat" übersetzt werden, steht *asker* (*'askar* in orientalischen Sprachen und darüber hinaus weitverbreitetes Wort arabischer Herkunft für (reguläre) „Armee, Soldat").

[56] Mit *qurbān hā'it(i)* ist das muslimische Opferfest gemeint (vgl. o. Anm. 35 zum *qurbān bairāmi*).

„Ich interessierte mich und fragte, was ist das, [und versprach,] daß ich niemandem etwas sagen würde. Darauf antwortete **Achundada: Nasyrchan Tjura ist hierher zu mir gereist gekommen, verbrachte 2-3 Tage bei mir und beauftragte mich mit der Vorbereitung der Soldaten von Kizil Kijak für einen Auftritt.** Ich habe schon mit **Mir Usman, Muchamedša Kanoatšaev, Abdurachman Tapil'dybaev, Inamdžan Kurbanbaev und Askar Ali Abduvachchabov** über diese Frage gesprochen, die diesen, meinen Vorschlag angenommen haben und mit dem Auftritt einverstanden sind..."

„... Achundada sagte, daß folgende Personen von ihm angeworben wurden und zum Auftritt bereit seien: 1) **Madumar** – mein Sohn, 2) **Abdurachman Tapil'dybaev**, 3) **Mir Usman**, 4) **Muchammedša Kanoatšaev**, 5) **Inamdžan**..."

„Als **Nasyrchan Tjura** im Haus von **Abdul' Chalil' Chodža Abdudžalil' Chodžaev** war, da beauftragte er ihn, in Kušan Kämpfer vorzubereiten. Außerdem beauftragte er mich, mich mit der Anwerbung von Kämpfern zu beschäftigen. Danach machte ich mich an die Arbeit und begann Kämpfer anzuwerben. In Kušan warb ich folgende 5 Personen an..."

„... In meinem Haus versammelten sich: ich, **Alichan Kary Azizbaev, Atarchan Mansurbaev, Abdukadyr Mamatkarimov**, wo **Abduvachchab** sagte:... in Maš-[ch]ad müssen wir ebenfalls 50-60 Kämpfer vorbereiten, damit alle gleichzeitig auftreten. **Nasyrchan** selbst versteckt sich in den oberen Dörfern. Ihr müßt euch auch im Moment des Auftritts uns anschließen, und ihr müßt eurerseits einige Kämpfer vorbereiten. **Wir Anwesenden erklärten uns damit einverstanden...**"

„Abduvachchab sagte: »**Nasyrchan Tjura** organisiert derzeit einen neuen bewaffneten Auftritt gegen die Sowjetmacht und wirbt in jedem Dorf Soldaten an«. Nach diesem Auftritt wandte er sich an uns, die gekommenen Mullas, mit dem Vorschlag, in die Reihen der Soldaten **Nasyrchans** einzutreten –, womit wir alle einverstanden waren."

„**Dadabaev** lud mich in das Haus von **Muchamed Karimov** ein, wo eine Beratung abgehalten wurde, an der drei sich versteckt haltende Kämpfer teilnahmen und auch **Mulla Madraim, Mulla Atachan, Mulla Alichan** u. a. Abduvachchab trat mit einer Rede im Namen **Nasyrchans** auf und sagte, daß **Nasyrchan Tjura** derzeit Verhandlungen mit **Džanibek** führe, der 100-200 Kämpfer bereitstellen solle, und dann würden wir alle mit der Sowjetmacht kämpfen... Ich persönlich führte einzelne Aufträge aus, z. B., man schickte einige Male in die Stadt, um herauszufinden, wer von den ihnen nahestehenden Leuten wo arrestiert ist."

„Am Ende des Winters traf ich **Nasyrchan Tjura** in Nr. 15,[57] im Haus von **Mulla Chašim Atabekov**. Dorthin hatte mich **Mulla Chašim** selbst bestellt, und als ich kam, erblickte ich **Atantaj Istambek** und **Išan Dadachan** zusammen mit **Nasyrchan Tjura**. Hier schlug mir **Nasyrchan Tjura** vor, Soldat zu werden und mich ihm anzuschließen, wenn er alle Leute in allen Dörfern vorbereitet. Ich erklärte mich damit einverstanden, woraufhin er mir vorschlug, durchs Dorf zu gehen und das Auftauchen fremder Personen auszukundschaften. Hierher kam auch **Vakkas Kary Abduraimov**. Er kam gleichfalls auf Bestellung von Nasyrchan Tjura, und mit dem Vorschlag, in seine Bande einzutreten, erklärte er sich einverstanden."

---

[57] Im Text steht „Nr. Čon baš"; gemeint ist wohl ein Dorf bzw. Kolchos, der einfach anstelle eines Namens eine Nummer trug, weil er jüngst – wie auch noch weiter unten an anderen Beispielen zu sehen sein wird – in einem Gebiet mit (ehemals) nomadischer Bevölkerung eingerichtet worden war.

„Mitte April dieses Jahres, als sich **Nasyrchan Tjura** im Dorf Mirza Rabat aufhielt, schlugen er und **Aziz Ali** – einer der aktiven Helfer von Nasyrchan Tjura in der Gruppe aus Ujči – mir vor, nach Ujči zu gehen und von dort acht Mann zu bringen, deren Namen **Aziz Ali** aufzählte. **Diese Leute, die Aziz Ali für die zukünftige Armee angeworben hatte, sollten Nasyrchan vorgestellt werden.** Von den 8 Mann machte ich nur 6 ausfindig, darunter **Džurabaj Kary, Tochtasun, Ata Mirza**, die bald erschienen... Nasyrchan hielt vor ihnen **eine Rede in dem Sinne, daß die Sowjetmacht die Religion des Islam und die Šariat zerstöre, die reichen Leute ausraube, den Bauern das Land wegnähme, zwänge, die Frauen zu entschleiern; was aus Sicht der Šariat offen gesetzeswidrig sei. Deshalb müßten wir den bewaffneten Kampf gegen die jetzigen Machthaber beginnen, einen anderen Weg hätten wir nicht.** Nasyrchan schlug den gekommenen Ujčinzern vor, seine Soldaten zu werden, womit sie einverstanden waren. Vor der Abreise aus Ujči nach Jas-tepe verbarg sich Nasyrchan Tjura mit seinen Kämpfern für einige Tage in meinem Haus, das war im Frühling. An einem dieser Tage brachte und übergab **Mulla Sabit Tašmatov** Nasyrchan ein Berdangewehr und 15 Patronen dazu.[58] Später befand sich **Aziz Ali** mit diesem Berdangewehr bei **Nasyrchan**."

„In den ersten Apriltagen dieses Jahres kam **Mulla Samiulla Chodžiev** (ein Schüler und Freund von **Nasyrchan Tjura**) bei meinem Vater **Šukurbaj Šir Aliev** im Ort Jas-tepe vorbei. Dieser **Mulla** sagte: »Ich lese die Zeitungen und weiß, daß in Afghanistan gerade Krieg herrscht,[59] überall sind Basmatschis aufgetaucht. In all unsern Dörfern, wie z. B. Čartak, Karaskan, Ujči und in Namangan

---

[58] Zum Gebrauchswert dieses Gewehres vgl. u. S. 88.
[59] Zu diesen Auseinandersetzungen im Gefolge der Usurpation des afghanischen Throns durch Bača-yi Saqāū (Januar-Oktober 1929), in die 1930 dann auch die Rote Armee eingriff, vgl. auch o. die Anm. 34 zu Ibrāhīm Bīk.

sind Basmatschis aufgetaucht. Bald brechen bessere Zeiten an. **Tjura Domulla**[60] hat mich beauftragt, für ihn Soldaten zu werben, und ich beschäftige mich mit dieser Sache in Richtung der Dörfer von Kizyl Rabat«. Dann schlug er mir und meinem Bruder vor, ebenfalls als Soldaten in die zukünftige Armee des Islam einzutreten, die **Nasyrchan Tjura** anführen werde. Ich und mein Bruder erklärten uns einverstanden. Dann sagte **Mulla Samiulla**, daß auch wir entsprechende Arbeit zur Anwerbung von Kämpfern hier vor Ort durchführen sollten."

„Als ich mit dem Viehfutter zurückkehrte, nahmen sie mir den Eid ab. Dann beauftragte mich **Madat**, in dieser Nacht in das Dorf Rabat zu gehen und **Madibragim** und **Raimbaj** nach Kurgan einzuladen. Damit befanden sich in dieser Nacht aus Rabat mit den angekommenen Basmatschis zusammen: **Madibragim, Raimbaj, Madat** und ich. **Nasyrchan Tjura** begann ihnen zu sagen, daß gegen die Sowjetmacht ein allgemeiner Aufstand vorzubereiten sei, und schlug allen vor, als Soldaten in die zukünftige Armee einzutreten, wobei er versprach, die Waffen und Pferde zu stellen. Alle stimmten zu. **Madibragim**, als Ältester, sagte, daß er Leute bereitstellen werde..."

„Alle hierher gekommenen saßen um **Nasyrchan** herum, der vor der Besprechung mit uns, alle Versammelten zwang, einen religiösen Schwur [darauf] zu leisten, das Treffen mit ihm und ebenso die Beratung nicht auszuplaudern... Am Ende der Agitation gegen die Sowjetmacht, sagte **Nasyrchan**: »Zum Kampf mit der Sowjetmacht brauche ich Kämpfer (Soldaten). Deshalb bitte ich euch alle, in meine Armee einzutreten und bis zum Auftritt

---

[60] Gemeint ist Nāṣir Ḫān Tūra; *dāmullā* ist in Mittelasien die gebräuchliche Anrede für einen (Hochschul)lehrer.

jegliche Unterstützung zu erweisen«. Wir, die Versammelten – **Raim Urumbaev, Madibragim Urumbaev, Madat Babakulov, Imam Ali Kasymbaev, Karimbaj Saidov** – stimmten dem Eintritt in die Armee **Nasyrchan Tjuras** zu und versprachen volle Unterstützung mit Lebensmitteln und Futter..."

„Ich habe **Achmetali Saitmuratov und Imamali Kasymbaev** als Soldaten für **Nasyrchan Tjura** angeworben, wegen derer dann zwei Vertreter **Nasyrchan Tjuras** angereist kamen... Ich persönlich war bei **Nasyrchan** als Kämpfer für [Sonder]aufträge."

„Jetzt, wo **Damulladžan** gestanden hat, bin ich gezwungen die Wahrheit zu sagen.[61] **Damulladžan** hat mir gesagt, daß Vertreter **Nasyrchans** mit dem Auftrag angereist seien, Kämpfer für die Bande zu suchen. Deshalb, sagte er, habe ich auch dich herbeigerufen. Als jemand, der völlig für diese Sache geeignet ist, mußt du ein Kämpfer werden..."

Die Zusammensetzung der Führung der Organisation.

Der Führungsbestand der Zelle war unmittelbar mit dem Haupt der Organisation, **Nasyrchan Tjura Kamal'chan Tjuraev**, verbunden.

„In den Bezirken Kasansaj, Jangi-Kurgan und Namangan existierte eine Basmatschi-Organisation, die sich die Vorbereitung eines bewaffneten Auftretens gegen die Sowjetmacht zur Aufgabe gestellt hatte. **An der Spitze der Or-**

---

[61] Hier könnte ein Beispiel für den bekannten Trick bei Verhören vorliegen, den Verhörten mit einen überhaupt nicht oder nicht in der angegebenen Form erfolgten Geständnis eines „Komplizen" zu konfrontieren.

ganisation standen ich, Nasyrchan Kamalov, Istambek Kurbaši[62] und Atantaj Satylganov."

„Die Organisation hatte ihre Zellen in einer Reihe von Dörfern, die mir und **Istambek** nahestehende Leute anführten, insbesondere meine ehemaligen Schüler."

„**Die Organisation Nasyrchans war nach dem Prinzip von Zellen aufgebaut, die er in die Dörfer einpflanzte,** wo er sich versteckte. Im Kreis Andižan war **Istambek** hauptsächlich mit den Kirgizen von Kokumbaj und [denen] in Kušan verbunden. **Die Zellen wurden in der Periode von Januar bis April-Mai 1930 in folgenden Dörfern eingerichtet,** wobei jede Zelle von zwei-drei Personen angeführt wurde, die mit **Nasyrchan** seit alten Zeiten verbunden waren..."

Die soziale Zusammensetzung der Organisation.

Die soziale Zusammensetzung der Mitglieder der konterrevolutionären Organisation charakterisiert klar den Klassencharakter der Bewegung. Der Hauptkern der Organisation, der während der Operation entfernt wurde, besteht aus **Bajs, teilweise entkulakisierten, und aus Geistlichen und Händlern.** Die klein- und mittelbäuerlichen Elemente sind in der überwiegenden Mehrheit der Fälle ehemalige Schüler der Führer der konterrevolutionären Organisation **Nasyrchan Tjuras** von der Namanganer Madrasa.

Die allgemeinen Daten zur sozialen Zusammensetzung der verhafteten Mitglieder der konterrevolutionären Organisation werden durch folgende Ziffern charakterisiert:

---

[62] Die Benennung *qūrbāšī* (vgl. o. Anm. 31) weist darauf hin, das es sich wohl um einen (ehemaligen) Basmatschi-Führer handelt.

Geistliche	33
Bajs, Händler	15
ehemalige Offiziere[63]	1
Strenggläubige[64]	10
Wohlhabende	6
Handwerker	7
Mittelbauern	10
ohne konkrete Tätigkeit[65]	2
Kleinbauern	8
gesamt	92

Das Programm der konterrevolutionären Organisation.

Das Programm der konterrevolutionären Organisation, das von **Nasyrchan Tjura** zusammengestellt ist (der Text einer genauen Übersetzung in der Anlage)[66], stellt ein umfangreiches politisches Dokument vor, das die politischen Ziele der konterrevolutionären Organisation hinreichend klar formuliert, deren Keim die von **Nasyrchan Tjura** gegründeten konterrevolutionären Zellen in verschiedenen Dörfern der Bezirke Namangan, Kasansaj und Jangi-Kurgan waren. Indem er die Ideen nationaler Unabhängigkeit und religiöser Einheit herausstellt und ihre Verwirklichung auf dem Wege eines bewaffneten Aufstands für möglich hält, skizziert **Nasyrchan Tjura** in dem Programm detailliert die Strukturen eines muslimischen theokratischen Staats mit einem Imam-Emir an der Spitze, der, nach seinem Plan, nach dem Sturz der Sowjetmacht gegründet werden sollte. Die Hauptpunkte des Programms charakterisieren wir unten[folgend]:

---

[63] Gemeint sind solche aus der Zarenzeit (konkret: Gumbin?, von dem u. S. 130 ff. noch näher die Rede ist).

[64] Im Text „*chal'ta kujnaki*", was in „Anlage 4" des Dokuments (Worterklärungen) mit „Bauern, die Hemden von Geistlichen tragen, hochreligiöse Leute" wohl zutreffend erläutert wird.

[65] Was konkret unter dieser Kategorie zu verstehen ist, weiß ich nicht zu sagen; sie entspricht wohl derjenigen der „Arbeitslosen", die seinerzeit noch in einschlägigen sowjetischen Statistiken auftauchten.

[66] Diese Anlage liegt mir nicht vor.

„Jede Nation hat ihre eigenen Wünsche, Ziele und Bestrebungen zu deren Verwirklichung entsprechend den Gesetzen der Religion und ihren Traditionen auf dem Stück der Erdkugel, das ihr vorherbestimmt wurde, damit die Heimat der Nation gut eingerichtet ist, **frei vom Joch der Politik und Macht anderer Nationen.**"

„Der Geheime Madžlis [Versammlung] ist solch eine Vereinigung, solch eine Organisation der Muslime, die zur Befreiung ihrer Nation vom Joch der Unterdrücker und Tyrannen sowie zu einer entsprechenden Regierung ihres Landes eingesetzt wurde."

„Jeder rechtgläubige Muslim muß sich mit seinen Landsleuten und Glaubensgenossen vereinigen, ein Ganzes darstellen, mit ihnen Vorteile teilen, zusammen [mit ihnen] Mißgeschicke durchleben. Dieser ittichad [Bund] ist ein obligatorisches Gesetz (farz)[67]. Der heilige Koran verpflichtet den Muslim, sich jeglicher Streits und Zwiste untereinander zu enthalten."

„Der Madžlis soll sich nicht nur aus Vertretern einer Klasse zusammensetzen, z. B. der Geistlichkeit, Bajs u. a., **sondern soll aus [Vertretern] der gesamten Bevölkerung[smasse] der Muslime bestehen.**"

„Den Ausweg aus allen Nöten weisen die Gesetze ebenjenes Korans (er ist möglich)[68], **wenn jeglicher Zwist zwischen den Klassen vollkommen aufhört, wenn Zwietracht durch engen Umgang, Meinungsverschiedenheiten durch Einmütigkeit ersetzt werden.**"

---

[67] Von Arabisch *farḍ*, im Recht = „religiöse Pflicht", wobei zwischen *farḍ 'ain*, „individueller Pflicht", und *farḍ kifāya*, „kollektiver Pflicht", unterschieden wird.

[68] Im Text *(on vozmožen)*; es scheint sich also um die Übersetzung einer Eulogie zu handeln. Welche damit konkret gemeint sein könnte, ist mir unklar.

„Wenn sich die Muslime vom Joch der Sklaverei und des Despotismus befreit haben, werden sie die Vorteile des Lebens besitzen und sich von der Schmach und den Nöten befreien, jetzt insbesondere **von der Vergesellschaftlichung des Besitzes, der Vergesellschaftlichung der Frauen und ähnlichen Nöten.**"

„Wer Mitglied des Madžlis wird, muß **religiös, Nationalist und Patriot seiner Heimat sein, bereit, für sie alles Vermögen zu opfern.**

Er muß die Ehrenbezeigungen gegenüber der Religion und der Heimat kennen, und [sein] Wort geben, nötigenfalls sich und den Reichtum für die Religion und die Heimat zu opfern.

Er muß fähig sein, die Geheimnisse des Madžlis zu wahren.

Wer [in den Madžlis] aufgenommen wird, darf nicht als Agent [der GPU] gearbeitet haben, im üblen Ruf des Mißbrauchs seiner Stellung oder des Bruchs seiner Versprechen stehen, insbesondere darf er kein Gehalt von der uns unterdrückenden Macht beziehen.

Wer Mitglied des Madžlis geworden ist, verpflichtet sich, auf dem Wege der Information und Agitation, andere für diese Vereinigung zu gewinnen, durch letzteres soll er sich auszeichnen.

Niemandem, weder dem Vater, noch der Mutter, der Ehefrau, den Kindern und überhaupt allen, die nicht zum Madžlis gehören, dürfen seine Geheimnisse verraten werden.

Der Madžlis ist äußerst geheim. Der Madžlis wird äußerst vorsichtig gebildet... Niemandem, weder dem Vater, noch der Mutter, der Ehefrau, den Kindern und überhaupt allen, die nicht zum Madžlis gehören, dürfen seine Geheimnisse verraten werden."

„Wenn die versklavten Muslime in Übereinstimmung mit dem Obendargelegten aufrichtig handeln werden, sich ehrlich zu einem einheitlichen Ganzen zusammenschließen und durch Agitatoren die Bevölkerung über die Entscheidungen des Madžlis benachrichtigen werden, analoge Madžlise in allen Städten und Dörfern eröffnen werden, [um] Leute zu gewinnen, die bereit sind, ihr Leben und ihr Habe zu opfern, – [dann] werden sie die ersprießlichsten Ergebnisse erlangen. Von den vortrefflichen Qualitäten einer solchen Vereinigung muß gar nicht erst gesprochen werden.

Wenn zum Beispiel in einem Bezirk 450 Dörfer sind und deren Muslime ein unangenehmes Ereignis trifft oder sie sich in großer Unterdrückung befinden, die sie nicht imstande sind, auszuhalten, dann [können] sie durch die Entsendung spezieller Leute schnell auf geheimem Wege untereinander Verbindung unter der Leitung der höchsten Organe herstellen und ein allgemeines und gleichzeitiges Auftreten organisieren. Wenn ein [jedes] Dorf 10 bewaffnete Leute abstellt, dann können in 500 Dörfern 5000 bewaffnete Leute auftreten."

„Die Leitung des erhabenen Staats des Islam (der Muslime) besteht aus 12 Verwaltungen, Ministerien:
1) eine Hauptverwaltung, die alle übrigen Verwaltungen leitet. Ihr Leiter wird als Imam oder Emir der Muslime bezeichnet,[69]
2) eine politische Verwaltung – sie leitet alle politischen Abteilungen,
3) ein Finanzministerium – es leitet die Finanzangelegenheiten,

---

[69] Welcher Anspruch sich mit dieser Bezeichnung konkret verband, läßt diese auszugsweise Übersetzung des Programms nicht genau erkennen; *amīr al-muʾminīn* (Beherrscher der Gläubigen) wäre der Titel eines Kalifen, die nach sunnitischer Auffassung „oberster Leiter" (*imām*) der muslimischen Gemeinde (*umma*) nach dem Tode des Propheten waren (daß solche Vorstellungen hier eine Rolle gespielt haben können, zeigen z. B. u. S. 125 die Ausführungen des Programms zum „Marineministerium" und u. S. 126 zum „Leiter der Hauptverwaltung").

4) ein Kriegsministerium – es beruft in die Armee ein, leitet die Ausbildungsarbeit der Armee,

5) ein Bildungsministerium – zu seinen Funktionen gehört: eine Reformierung der Madrasa, die Verbreitung von Wissenschaften und [nützlichen] Kenntnissen u. ä.,[70]

6) ein Justizministerium – es leitet die Gerichtsangelegenheiten,

7) ein Innenministerium – es leitet die Arbeiten zur Verbesserung der Lage des Staats,

8) ein Außenministerium – es hat Verbindung mit ausländischen Staaten,

9) ein Leiter der Landwirtschaft,

10) ein Leiter der Metallindustrie und Bergwerke,

11) ein Leiter der Verkehrswege, Post- und Telegraphenangelegenheiten,

12) ein Marineministerium – es leitet die Angelegenheiten der Kreuzer, Schiffe und Handelsschiffahrt."[71]

„1) In den Städten und Dörfern werden Madžlise organisiert, die aus einer Verwaltung bestehen, genannt »Verwaltung für Innere Angelegenheiten und Gute [Öffentliche] Ordnung«, die den obenstehenden Verwaltungen untergeordnet sind.

---

[70] In den Aufgaben des Bildungsministeriums (und übrigens auch in der ganzen Machtkonstruktion und ihrer weiter unten beschriebenen Rechtsgrundlage) spiegeln sich interessanterweise Vorstellungen wider, wie sie von muslimischen Modernisten vor (und auch noch nach) der Oktoberrevolution in Turkestan vertreten wurden. Vertreter der normalerweise traditionalistisch gesonnenen Basmatschis pflegten diese Modernisten und auch muslimische Vertreter der Sowjetmacht u. a. mit der pejorativen Bezeichnung ǧadīden zu belegen (abgeleitet von deren einstmaligen Bemühungen um die Einrichtung von uṣūl-i ǧadīd (neu-methodischen) Schulen), und bekämpften sowohl sie als auch ihre Einrichtungen. – Insofern muß es fraglich bleiben, ob Nāṣir Ḫān Ṭūras Programm den politischen Ansichten seiner „Soldaten" gerecht wurde.

[71] Die geplante Einrichtung eines Marineministeriums weist darauf hin, daß die Herrschaftsansprüche oder -pläne Nāṣir Ḫān Ṭūras über das Becken von Farġāna hinausreichten, zumindest bis an die Grenze nach Afghanistan, an der es eine Āmū-Daryā-Flotte gab.

Diese Unterordnung ist konsequent [hierarchisch], d. h. die Leitung [in den Städten und Dörfern] ist unmittelbar einem Chakim und Sardar unterstellt,[72] und dann einem Gouverneur. Wenn ein Gouverneur 5 Chakims leiten wird und jeder von ihnen 5-10 Dörfer oder Städte verwalten wird, dann soll in jedem von ihnen gesondert ein Madžlis sein, der dem Chakim unterstellt ist.

2) Der Vorsitzende des Madžlis soll Haupt der Stadt oder des Dorfes sein, in dem [jen]er organisiert wurde. Sein Sekretär ist zugleich auch Sekretär des Madžlis.

3) Jeder Bezirks- oder größere Madžlis beruft im Falle der Notwendigkeit oder wöchentlich oder monatlich auf [s]eine Initiative eine Versammlung ein."

„Der Leiter [der Hauptverwaltung] ist in Wirklichkeit Stellvertreter des Propheten, weil [eigentlich] Leiter der Koran und die Šariat sind.[73]

In Anbetracht dessen, daß es für einen [einzelnen] außerordentlich schwierig ist, die Arbeit von 12 Organen entsprechend den Bestimmungen der Šariat zu leiten, gelten die Leiter der 12 Verwaltungsorgane als seine Stellvertreter. All ihre Arbeit führen sie mit Unterschrift und Sanktionierung des ersteren aus. **Die Gesetzesgrundlage der Verwaltung dieses hohen Leiters – des Imams, Emirs der Muslime – ist eine Sammlung von Verord-**

---

[72] *Ḥākim* (arabisches Lehnwort) war im vorrevolutionären bzw. vorrussischen Mittelasien – neben *mīr* und *bīk* – eine der gebräuchlichen Bezeichnungen für Provinzstatthalter. – *Sardār* (persisch „Anführer", speziell auch „Heerführer"), hier in der Bedeutung „Leiter, Haupt" gebraucht (an keiner anderen Stelle des Textes wird deutlich, daß diese Statthalter auch militärische Aufgaben wahrnehmen sollten.

[73] Diese Aussage stimmt im Prinzip mit frühen und späteren islamischen Rechtsauffassungen zur Rolle des Kalifen überein, wobei dann natürlich der Koran als ein Bestandteil der *šarīʿa* (des göttlichen Rechts) anzusehen ist. Zum Anspruch, der sich mit der obigen Aussage verbindet, vgl. o. Anm. 69.

nungen in Übereinstimmung mit dem Großen Koran und den Chadisen[74].

Wenn sich die Muslime vom Joch der Sklaverei und des Despotismus befreit haben, werden sie die Vorteile des Lebens besitzen und sich von der Schmach und den Nöten befreien, jetzt insbesondere **von der Vergesellschaftlichung des Besitzes, der Vergesellschaftlichung der Frauen und ähnlichen Nöten. Der Madžlis macht sich zur Aufgabe, die vormalige Stellung der Šariat wiederherzustellen.** In Wirklichkeit sind der Koran und die Chadise das Gesetz dieses Madžlis."

[**Die Aufgaben des Bildungsministeriums.**]

"Eine Reform der Madrasa, der Grundschulen und der Moscheen, eine Reformierung der Vakfs,[75] die Ernennung von Mudarrisen und Lehrern – rechtschaffenen und reifen –, Unterricht der Schüler in Šariat- und modernen Wissenschaften, die Herausgabe verschiedener Zeitungen und ihre Verbreitung, die Verbannung von Unsittlichkeit, Aberglauben und Fanatismus, die Entwicklung der Wissenschaften und [nützlichen] Kenntnisse –, all dies gehört zu den Funktionen dieses Ministeriums.

---

[74] Neben dem Koran sind *hadīṯ*-Sammlungen die wichtigste Quelle der Rechtsfindung im Islam (arabisch *hadīṯ (nabawī)* für „Überlieferung" von Taten und Aussprüchen des Propheten und seiner Genossen; *hadīṯ qudsī* für eine Tradition, in der Gott selbst spricht).

[75] Arabisch *waqf* (Pl. *auqāf*) für das im islamischen Raum weitverbreitete System von frommen Stiftungen, die der „Zivilrechtsgewalt" entzogen sind (z. B. Moscheen, Madrasas, Schulen, Bäder, Brunnen oder Ländereien, deren Ertrag zum Unterhalt der ersteren diente). Ihre im Text angesprochene Reformierung galt wohl weniger der Frage der Wiederherstellung von unter der Sowjetmacht abgeschafften *auqāf*, als vielmehr Mißbräuchen im Stiftungswesen, die sich über die Jahrhunderte hinweg eingeschlichen hatten (z. B. Veruntreung des Stiftungsvermögens und der erwirtschafteten Gewinne durch einen Verwalter (*mutawallī*); oder durch Familienstiftungen (*waqf ahlī*, in Mittelasien auch *vaqf-i aulād*) eigenes Vermögen dem staatlichen Zugriff zu entziehen).

Das vollständige Statut des Bildungsministeriums wird in einem Šariat-Buch[76] dargelegt."

Die Aufgaben des Justizministeriums.

„Es ernennt muslimische Kazis, führt Šariat-Gesetze ein, weist Plätze für Fatvas (Šariat-Legislativorgan) an.[77] Es examiniert Lehrer, Mudarrise und Kazis, gibt Personen eine Belohnung, die eine Arbeit gut ausgeführt haben, und bestraft Gesetzesbrecher."

Die Aufgaben des Finanzministeriums.

„Das Finanzministerium ist zuständig für: die Eintreibung der Steuern »Charadž« (Steuer auf die Ernte von Bewässerungsfeldbauländereien in der Höhe von $1/5$ bis $1/2$),[78] »Zakat« (Almosen, vom Koran auf $1/20$ oder $1/40$ des Einkommens, einer Ware und des Vermögens festgelegt),[79]

---

[76] Diese Ausdrucksweise ist zumindest theoretisch inkorrekt, da der Begriff šarī'a eigentlich das göttliche Recht bezeichnet, hier aber kodifiziertes Recht im europäischen Sinne gemeint zu sein scheint. Dieses Beispiel verdeutlicht, daß nicht nur im Verständnis des Übersetzers oder russischen Textherstellers, sondern vielleicht sogar auch in dem Nāṣir Ḫān Tūras der Begriff šarī'a – russischen Gepflogenheiten entsprechend – ganz allgemein für als islamisch betrachtetes Recht bzw. Rechtsnormen gebraucht wird.

[77] Vgl. Anm. 76. Als fatwā wird in der islamischen Rechtspraxis ein Rechtsgutachten bezeichnet, das einem konkret gegebenen Fall oder einer aktuellen juristischen Frage gilt und dementsprechend nicht notwendigerweise legislative Bedeutung haben muß.

[78] Der ḫarāğ ist die traditionelle islamische Form der Besteuerung solcher Ländereien, die hier bemerkenswert hoch angesetzt ist (üblich war in Mittelasien $1/8 - 1/5$ der auf dem Halm taxierten Ernte, zuzüglich einer jährlich zu entrichtenden Grundsteuer und diverser Abgaben an die Steuerbeamten (vgl. Semenov, Očerk nalogovogo ustrojstva 22; id., K prošlomu Buchary 998 ff., dessen Angaben zum Emirat von Buchara sich generell auf die Verhältnisse in Mittelasien übertragen lassen (vgl. id., Očerk nalogovogo ustrojstva 3)).

[79] Im Koran wird zwar an zahlreichen Stellen auf die Pflicht hingewiesen, Almosensteuer (zakāt) zu entrichten, aber die konkreteste Angabe über Art und

»Ušur« (Steuer auf Trockenfeldbauländereien in der Höhe von $^1/_{10}$ der Ernte),[80] »Vadžib« (Almosen, Naturalabgabe im Ramadan in Höhe von 5 Pud pro Kopf),[81] »Nafil« (Almosen, das auf eigenen Wunsch gegeben wird),[82] »Igana« (Spende),[83] »Džizja« (Tribut, Kopfsteuer von Muslimen),[84] Zins von der Erbmasse u.a."[85]

Höhe beschränkt sich darauf, daß „Überschüsse" gespendet werden sollen (2/219). Eine juristische Regelung erfolgte erst später und führte in Mittelasien schließlich zu der Praxis, daß die *zakāt* neben der Abgabe von $^1/_{40}$ des Warenwerts ein ganzes Bündel von Steuern (z. B. auch auf Viehbesitz) umfaßten, die gesondert von den übrigen Steuern hinsichtlich ihrer Eintreibung und ihrer Verwendung durch den Fiskus betrachtet wurden (vgl. Semenov, *Očerk nalogovogo ustrojstva* 43 ff.).

[80] Von Arabisch *'ušr* = $^1/_{10}$, eine traditionelle islamische Form der Besteuerung solcher Ländereien (vgl. Semenov, *K prošlomu Buchary* 996; nach id., *Očerk nalogovogo ustrojstva* 24, hatten im Emirat von Buchara Nachfahren der arabischen Eroberer Transoxaniens (8. Jhdt.; trugen den Titel *h'āǧa*, der sich in seiner russifizierten Form *chodža(ev)* seit sowjetischen Zeiten häufig als Familienname oder Bestandteil eines solchen findet) auf die Erträge von Ländereien in ihrem Besitz nur den *'ušr* zu entrichten).

[81] Von Arabisch *wāǧib* – „Pflicht"; über diese Art von Abgabe, die wohl in Getreide erfolgen sollte, ist mir nichts weiter bekannt.

[82] Von Arabisch *nafl* – „über die gesetzliche Pflicht hinausgehendes gutes Werk"; der theologische und juristische Begriff der *nāfila* (Pl. *nawāfil*), „nicht vorgeschriebene gute Werke" bezeichnet insbesondere auch freiwillig über die fünf Pflichtgebete hinaus verrichtete Gebete (vgl. EI² VII, 878 f.).

[83] Von Arabisch *i'āna* – „Subvention, Spende"; als traditionelle Form der Abgabe mir für Mittelasien nicht weiter greifbar.

[84] Von Arabisch *ǧizya*, die schon seit frühislamischer Zeit von Nichtmuslimen(!) unter muslimischer Herrschaft erhobene Kopfsteuer (kommt in modernen muslimischen Staaten im allgemeinen nicht mehr zur Anwendung; nach Semenov, *Očerk nalogovogo ustrojstva* 53 f., wurde sie im Emirat von Buchara bis zu dessen Sturz 1920 von allen Nichtmuslimen erhoben, russische Staatsbürger kraft des Vertrages von Šahr (1873) ausgenommen; ihre Höhe hing von der Zahlungsfähigkeit der Betroffenen ab, überstieg aber im allgemeinen nicht 48 Tenga (1917 entsprach dies 7,20 Rubel) pro Jahr).

[85] Zur Erhebung von Erbschaftssteuer als einer islamischen oder traditionellen Praxis in Mittelasien ist mir nichts weiter bekannt (Semenov erwähnt in seinen Arbeiten zum bucharischen Steuersystem keine derartige Steuer).

Die Aufgaben der Politischen Verwaltung.

„Die Politische Verwaltung beschützt die Muslime vor jeglichem Schaden. Um Handlungen innerer und äußerer Feinde vorzubeugen, verschickt sie überallhin Spione, **verhaftet schuldige und verdächtige Personen, verfolgt ihre Fälle und erteilt die entsprechenden Strafen, bis hin zur Todesstrafe.** Unschuldige läßt sie frei. Sie hat bei ihrer Arbeit engeren Kontakt mit dem Armeestab. Krieg gegen einen Feind wird [nur] mit Sanktionierung der Politischen Verwaltung geführt."[86]

Die Vorbereitung von Militärspezialisten und der Versuch eine Verbindung mit Polen herzustellen.

Um die Vorhaben der Aufständischen erfolgreich zu verwirklichen, setzte sich **Nasyrchan Tjura** mit dem ehemaligen Weißgardisten und Offizier **Gumbin** in Verbindung und versuchte durch ihn, für die Führung der Aufständischentrupps Militärspezialisten unter ehemaligen tatarischen Offizieren anzuwerben, [sowie] in den zentralen Teilen der [Sowjet]union Spezialisten für die Umrüstung von Patronen zu finden, und durch die Entsendung eines Delegierten Verbindung mit Polen herzustellen.

All diese Umstände werden voll und ganz durch das Untersuchungsmaterial bestätigt:

„**Nasyrchan** träumte von einer gut organisierten Armee. Bei **Gumbin** erkundigte er sich, ob er solche Waffen wie Maschinengewehre und Geschütze beherrsche, und **bat ihn, tatarische und russische Militärspezialisten**[87] **zu fin-**

---

[86] Bei diesem Organ scheint kurioserweise die OGPU das Vorbild gewesen zu sein, der ja auch die ominöse Bezeichnung „Politische Verwaltung" entlehnt ist.

[87] Gemeint sind wohl Offiziere der ehemaligen Zarenarmee. Diese waren von der Sowjetmacht in Rußland seit Frühjahr 1918, im Zuge der vollen Entfal-

den. Er erkundigte sich bei **Gumbin**, wie er seine zukünftige Armee aufzubauen habe.

Durch das Treffen mit dem Tataren **Gumbin**, den **Samiulla** gebracht hatte, waren **Nasyrchan** und **Istambek** äußerst optimistisch gestimmt, denn **Gumbin** übernahm den **Auftrag, Spezialisten für die Umrüstung von Patronen zu bekommen und aus Rußland herbeizubringen.**[88] Außerdem schlug Gumbin ihnen vor, Verbindung mit Polen herzustellen, um von dort verschiedene Unterstützung zu erhalten. Er sagte, daß er seinerseits entweder einen Russen oder einen Tataren als **Delegierten zu den Polen schicken werde. Nasyrchan Tjura und Istambek** aber schlug er vor, von sich aus einen soliden **Vertreter abzustellen, der sich zusammen mit seinem Delegierten auf den Weg mache.**[89]

Als sie sich von **Gumbin** trennten, machten **Nasyrchan Tjura** und **Istambek** mit ihm aus, daß sie in 10 Tagen **Samiulla** Geld für **Gumbin** geben würden, um Spezialisten aus Rußland zu schicken, und auch für die gemeinsame Reise ihres Vertreters mit dem Delegierten **Gumbins** nach Polen.

---

tung der russischen Bürgerkriegsfronten unter dem ideologisch bedingten Euphemismus „Militärspezialisten" in breiten Ausmaßen in die Rote Armee rekrutiert worden.

[88] Das dahinterstehende Problem dürfte gewesen sein, daß die Aufständischen um Nāsir Ḫān Tūra überwiegend nur über veraltete Waffen (z. B. die oben (S. 117) angesprochenen 60 Jahre alten, einschüssigen Berdangewehre, Kaliber 10,67 mm; in den 70er-90er Jahren des 19. Jhdt. die Bewaffnung der Russischen Armee) verfügten, wofür es aber offensichtlich schwierig war, die passende Munition aufzutreiben (die Rote Armee benutzte fünfschüssige 7,62 mm-Gewehre des Typs Mosin, die 10-12 Schuß/min. erlaubten, 1891 eingeführt worden waren und bis 1936 in Gebrauch blieben).

[89] Ob das Vorhaben, sich ausgerechnet im fernen Polen Unterstützung verschaffen zu wollen, tatsächlich bestand, oder ob es sich lediglich um eine Machination der OGPU handelt, die seinerzeit regelmäßig verdächtige Subjekte solcher Verbindungen bezichtigte und dies im Verlauf von Verhören auch aus ihnen herausbekam, muß mangels anderer, stichhaltiger Belege dahingestellt bleiben.

> Einen Teil des Geldes, den Betrag von 1400.- Rubel, steuerte ein gewisser **Mulla Kuldaš Chalmatbaev** bei, dem auch der Vorschlag gemacht wurde, sich als [ihr] Vertreter [nach Polen] aufzumachen. Er aber war [damit] nicht einverstanden, weil er fürchtete, daß er mit dieser Aufgabe nicht fertig werden würde. Später beschlossen sie, sich mit **Mulla Samiulla** zu beraten und diesen [zu entsendenden] Vertreter in Namangan zu finden."

Die Orientierung auf eine Intervention.

Besondere Aufmerksamkeit verdient die Orientierung **Nasyrchan Tjuras** auf eine [ausländische] Intervention:

> „**Nasyrchan Tjura** und **Istambek** planten den Aufstand für Ende Mai, nach Kurban Chait,[90] weil ihrer Vorstellung nach im Sommer, und zwar im Mai oder Juni, ausländische Staaten, in Gestalt Englands[91] und der unter seinem Einfluß befindlichen [Staaten] China und Afghanistan einen Krieg gegen die Sowjetunion anfangen würden, innere Unruhen aber den ausländischen Staaten den Kampf gegen die Sowjetmacht bedeutend erleichtern würden.
> Den Anfang des Kriegs gegen die Sowjetunion ausgerechnet zu Anfang Sommer bestimmten sie auf der Grundlage von Zeitungsausschnitten über Kriegsvorbereitungen, hauptsächlich auf der Basis von Auftritten von Sowjet- und Parteifunktionären auf den Dörfern mit Reden zum Thema »Nieder mit dem Krieg«, in denen letztere geradeheraus davon sprachen, daß sich eine ganze Reihe von Staaten vereinige, daß der Krieg gegen die Sowjets in allernächster Zeit ausbräche, und die Bevölkerung aufriefen, die Wirt-

---

[90] Vgl. o. Anm. 56.
[91] „England" wird im damaligen sowjetischen Sprachgebrauch wie im Deutschen synonym für „Großbritannien" verwendet.

schaft zu festigen, um die Verteidigungsfähigkeit des Landes zu stärken."[92]

XII. DIE AUFSTANDSBEWEGUNG

Die Aufstandsbewegung als schärfste Form des Kampfes des Bajtums gegen die Sowjetmacht, [deren Schärfe] das [politische] Schwanken einer besonders bedeutenden Menge von mittelbäuerlichen Elementen in Richtung des Bajtums bezeugt, hat 1930 in Mittelasien erstmalig ein bedeutendes Territorium erfaßt, das sich über die Bezirke Talas (Nordkirgizien), Alaj-Gul'ča (Südkirgizien) und Angren (ehemaliger Kreis Taschkent) ausbreitete. Die Gesamtmenge der Aufständischen überstieg 2600 Mann (1500 im Bezirk Alaj-Gul'ča, 600 Mann im Bezirk Angren und 500 Mann im Bezirk Talas). Die Grundzüge aller drei Aufstände sind:

1) die führende Rolle von Baj-Manapen-Elementen,[93] die im Ergebnis der entschiedenen Klassenmaßnahmen von Frühjahr 1930 (Kollektivierung und Entkulakisierung) bewußt zu einem offenen bewaffneten Auftreten schritten;

2) der Gebirgscharakter der Bezirke, die von der Aufstandsbewegung ergriffen wurden, ihre Abgelegenheit von den politischen und kulturellen Zentren, die schwache Sowjetisierung dieser Bezirke, die ungewöhnliche Schwäche des Sowjetapparats [in ihnen] und das fast völlige Fehlen von politischen Maßnahmen, besonders auf der Linie der Arbeit mit den Landarbeitern und den Kleinbauern;

3) die Entstehung von Massenaufstandsbewegungen als Resultat gröbster Entstellungen und Überspitzungen der Parteilinie, die hauptsächlich den Mittelbauern trafen;

---

[92] Wenn diese Aussagen zutreffen sollten, dann wären sie ein schönes Beispiel dafür, daß derartige, seinerzeit in der UdSSR weitverbreitete Propaganda für die Machthaber auch unerwünschte Nebenwirkungen zeitigen konnte.

[93] Vgl. o. in der Vorbemerkung Anm. 109.

4) die Abkehr der Mittelbauern von der Aufstandsbewegung nach den allerersten kämpferischen Zusammenstößen und nach Maßnahmen zur Korrektur der Überspitzungen.

Die Ursachen der Massenaufstandsbewegung.

Die Untersuchungsmaterialien und die Materialien einer speziellen Überprüfung des Bezirks Alaj-Gul'ča offenbaren mit aller Klarheit den Umstand, daß es dem konterrevolutionären Bajtum **allein im Ergebnis beispielloser Entstellungen unserer Politik durch lokale Organe** gelang, klein- und mittelbäuerliche Elemente zur Aufstandsbewegung heranzuziehen. Diese Entstellungen lassen sich im wesentlichen auf folgendes zurückführen:

1) **Kollektivierung und Entkulakisierung.** Bürokratische Vorgehensweisen beim Aufbau der Kolchosen. Bewußt oder unbewußt provokatives Gerede über Kommunen, allgemeine Vergesellschaftlichung etc. Unterwertung von Mittelbauern unter die Entkulakisierung.

2) **Praxis der Getreidebeschaffung.** Ausführung des Plans bis hin zum klein- und mittelbäuerlichen Hof. In einer Reihe von Fällen bedeutende Überbesteuerung klein- und mittelbäuerlicher Elemente.

3) **Steuerpraxis.** Überbesteuerung klein- und mittelbäuerlicher Schichten. Nichtausführung des Gesetzes zur Befreiung der Kleinbauern von der Steuer. Unterwerfung von Mittelbauern unter die Individualbesteuerung.

4) **Ungesetzliche Abgaben und Strafen.**

Eine besondere Rolle spielten bei allen Auftritten Fehler, Entstellungen und Überspitzungen bei der Kollektivierung, die dem Bajtum bedeutendes Material für wirksame konterrevolutionäre Agitation, die Verbreitung von provokatorischen Gerüchten etc. an die Hand gaben. In dieser Hinsicht charakteristisch sind Aussagen von Teilnehmern des Aufstands von Ablyk (Bezirk Angren):

„Eine Woche vor dem Auftritt und dem Überfall auf Ablyk fand im Hause von **Usman Uzun Kudratov** eine Besprechung statt, zu der **Usman** folgende Personen zusammengerufen hatte... Auf dieser Besprechung erörterten die Versammelten die Frage der untragbaren Steuern, sowohl der [Geld]steuern als auch bei den Getreidebeschaffungen, die den Bajs auferlegt worden sind.[94] Auf der Versammlung wurde gesagt, daß diese Steuern in Zukunft auch die gesamte Bauernschaft beträfen. Zur Bestätigung wurden Beispiele einer Kollektivierung und Vergesellschaftlichung der gesamten Wirtschaft angeführt. Diese Fragen wurden von den Bajs so farbenreich erläutert, daß es tatsächlich grauenhaft war, die Kollektivierung zu erwarten."

„Vor kurzem hat im Schafstall eine Versammlung stattgefunden, auf der erklärt wurde, daß Kolchosen organisiert werden würden, [in denen] Russen und Muslime zusammengeschlossen werden würden, für sie Decken für je 70 Leute genäht würden und alle zusammen [darunter] schlafen würden.

---

[94] Aus der unten folgenden Beschreibung des Aufstands von Talas geht hervor, daß dort Mittelbauern Naturalabgaben in Getreide neben der Individualsteuer auferlegt worden sein sollen. – Ein Hinweis auf die Grundlage des im Text angesprochenen Problems bietet Ivnickij, *Kollektivizacija* 82, wo eine Verfügung zur Landwirtschaftssteuer des ZEK und des Rats der Volkskommissare der UdSSR vom 23. 2. 1930 beschrieben wird. Dementsprechend sollten die Kulaken progressiv individualbesteuert werden, mit einem Satz von minimal 20% bei einem Jahreseinkommen von 500 Rubel, bis zu einem Spitzensatz von 70% bei mehr als 6000 Rubel Einkommen (dazu aber kamen noch die „Selbstbesteuerung" (ursprünglich „freiwillig" von der Bauerngemeinde (*obščina*) beschlossene Sonderabgaben (z. B. für Wegebau)) und die „Kultursteuer" (*kul'tsbor*) jeweils in der gleichen Höhe wie die Individualsteuer, so daß diejenigen, die in der Progression oben standen, praktisch das doppelte ihres Jahreseinkommens als Steuer zu entrichten hatten).

Es wurde beschlossen, daß es besser sei, dem Tod ins Auge zu sehen, als sich in einer solchen Situation zu befinden. Die Sowjetmacht würde nicht nur den Baj unterjochen, sondern sich bald auch bis zum Mittelbauern durchschlagen, was sie faktisch mit ihren Kolchosen [schon] mache."

Das grellste Bild des Umstands gröbster Entstellungen und Überspitzungen der politischen Linie, in deren Ergebnis die ganzen Frühjahrsaufstände ausbrachen, ergab sich im Bezirk Alaj-Gul'ča. Den Charakter dieser Überspitzungen skizziert folgendes Faktenmaterial:

„613 Wirtschaften, die nicht der Besteuerung unterliegen, wurden besteuert. Von den 121 individual-[besteuerten] Wirtschaften [des Bezirks] sind die Mehrheit Mittelbauern. Von seiten der Armen und der Mittelbauern gibt es massenhafte Eingaben zur falschen Berechnung der Steuer.
Neben der ESChN [Einheitslandwirtschaftssteuer][95] existieren 5 Gebühren auf dem Gebiet der Forstwirtschaft (für Viehweideplätze, für Viehtriebe, für das

---

[95] Die Abkürzung steht für *edinyj sel'sko-chozjajstvennyj nalog*. – Die Landwirtschaftssteuer, eine progressiv angelegte Geldsteuer auf das Einkommen von Bauernwirtschaften war in der UdSSR 1924 auf der Grundlage eines Beschlusses von Frühjahr 1923 anstelle der seit 1921 erhobenen Naturalsteuer eingeführt worden (vgl. Merl, *Sowjetmacht und Bauern* 36). Aber z. B. in Tadschikistan wurde die ESChN erst 1927 eingeführt (AKPT: f. 1, op. 1, d. 857, l. 135 („Bericht über die Ergebnisse der Kampagne zur Landwirtschaftssteuer im Haushaltsjahr 1927/28")), stieß bei der Bevölkerung sofort auf Widerstand (Steuerflucht) (ebda. l. 27 ff. (Sammlung von Informationsberichten zum Verlauf dieser Kampagne)), was August 1927 zu einer Geheimdirektive des tadschikischen Parteibüros führte (AKPT: f. 1, op. 1, d. 730, l. 32 ff.), worin u. a. empfohlen wurde, durch Agitation „das Wesen der ESChN und ihren Unterschied von den Emirsteuern" zu erklären. In der Planung für das Steuerjahr 1929/30 wurden rd. 62% der Wirtschaften von der ESChN ausgenomen (zu geringes Einkommen, Umgesiedelte, grenznahe Gebiete); wessen Einkommen bis zu 150 Rubel über dem Minimum lag, sollte 3,3% Steuer zahlen, 900-1000 Rubel 17,75%, bei über 1000 Rubel 31,1% (AKPT: f. 1, op. 1, d. 825, l. 63 ff.).

Aufstellen von Jurten, für das Pflügen von Neuland, für die Nutzung von Binsen).[96] Die [Gebühren]einnehmer handeln in der Regel nach alten zaristischen Methoden, nehmen systematisch Bestechungen und arbeiten ohne jede Kontrolle. Für Verweigerung der Gebührenzahlung wird eine Geldstrafe in doppelter Höhe eingezogen. Geldstrafen werden als ein direktes Mittel zur Erhöhung des Budgets angewandt. Die charakteristischsten Strafen [sind:] für Händewaschen in Bewässerungskanälen, für Anbinden von Pferden an einem Wildstrauch, für die Organisierung eines Buzkaši-[spiels][97]. In der Regel werden unerhört empörende Forderungen praktiziert, auf die Dörfer gereisten Bezirksfunktionären für die Nacht Mädchen zu liefern.[98]

7 Monate lang fehlten an abgelegenen Punkten des Bezirks Manufakturwaren, Salz, Streichhölzer und Kerosin. Im Bezirk gibt es 900 [des Wahlrechts] beraubte. Mittel- und Kleinbauern wurden des Stimmrechts beraubt, wegen früherer Beteiligung am Basmatschitum, wegen Dienst als Landarbeiter beim ehemaligen Be-

---

[96] Hier handelt es sich offensichtlich um traditionelle Abgaben aus vorrussischer Zeit (vgl. z. B. die Verhältnisse im Emirat von Buchara, wo bis zu seinem Sturz 1920 brachliegende Ländereien (*mawāt*) dem Emir gehörten und im Falle ihrer Nutzung zu *amlāk* wurden, die mit einer gleichnamigen Steuer belegt waren; Binsendickichte gehörten gleichfalls dem Emir und ihre Nutzung wurde besteuert (vgl. Semenov, *Očerk nalogovogo ustrojstva* 25 ff.; id. *K prošlomu Buchary* 1000).

[97] Hier wurde als Übersetzung für *kozlodran'e* (wörtl.: Ziegenziehen) der gleichbedeutende persischsprachige, in Afghanistan gebräuchliche Begriff *buzkašī* gewählt, der hierzulande für dieses populäre zentralasiatische Reiterspiel bekannter ist, als beispielsweise die mittelasiatische Bezeichnung *kūbkārī*.

[98] Diese Verhaltensweise entsprach wahrscheinlich traditionellen Gepflogenheiten der Herrschenden (so wird z. B. in der einschlägigen sowjetischen Literatur und auch darüber hinausgehend dem Emir von Buchara vorgeworfen, sich 1920 bei seiner Flucht nach Ost-Buchara dieser Praxis bedient zu haben (vgl. z. B. Gafurov/Prochorov, *Padenie Bucharskogo ėmirata* 61; Vasil'evič, *Bonaparl* 126; Strong, *Red Star* 138 f.); überdies führt Karp, *Materialy* 11, aus, daß zu Zeiten des Emirats die Provinzstatthalter in Ost-Buchara „nicht davor haltmachten, die Bauerntöchter zur Schändung und Entehrung in ihr »duḫtarḫāna« (Mädchenhaus) mitzunehmen").

zirksverwalter [der Zarenzeit], wegen Nichtstellung eines Halfters, wegen Skandalmachercharakters. Der **Verlust des Stimmrechts zog Individualbesteuerung und schwere Aufgaben bei der Saat nach sich. Im Bezirk (einem viehwirtschaftlichen)**[99] **sind 23 Getreidekolchosen organisiert worden. Die Statuten der Kolchosen gab es nur auf Russisch.**[100]

Ein im wesentlichen analoges Bild der Entstellungen und Überspitzungen ergeben die Untersuchungsmaterialien zum Aufstand von Talas:

„Wir waren überzeugt, daß die Bevölkerung uns unterstützen wird, weil wir, indem wir die Überspitzungen ausnutzten, Unzufriedenheit unter der Bevölkerung säten. Im Ergebnis sprach man auch unter den Bauern vor dem Aufstand nur [noch] über die Getreidebeschaffungen, die Steuern, und hieraus auch über die Notwendigkeit, die Sowjetmacht zu stürzen. Dem Aufstand schlossen sich alle ohne Ausnahme an, Landarbeiter, Kleinbauern, Mittelbauern... Im Dorf Nr. 9 des Kantons Talas wurden während der Frühjahrs- und Herbstgetreidebeschaffungen alle Mittelbauern mit 700-800 Pud Getreide[abgabe] und mit Individualsteuer besteuert. Weil die Mittelbauern keine solchen Mengen an Getreide und Geld besaßen, waren sie gezwungen, ihr Vieh zu verkaufen. Januar 1930 stellten Bevollmächtigte der Dorfsowjets bei allen Bauern der Dörfer Nr. 8, 10 und 11 Verzeichnisse des Viehs auf und nahmen [ihnen] eine schriftliche Verpflichtung ab, ohne Einverständnis des Dorfsowjets kein Vieh zu verkaufen,

---

[99] Also mit (ursprünglich) nomadischer Bevölkerung.
[100] Allein daß es überhaupt ein Statut gab, das an die Kolchosen verteilt werden konnte, ist als bemerkenswert anzusehen, denn jenes war erst zum 6. 2. 1930 als „Provisorisches Statut für landwirtschaftliche Genossenschaften [*artel'*; wurde als Übergang zur Kommune betrachtet]" ausgearbeitet (unter Stalins Regie erheblich zusammengekürzt) und publiziert worden. Die seinerzeit wohl aktuell gültige, überarbeitete Version war erst am 2. März erschienen (vgl. Ivnickij, *Kollektivizacija* 78 ff, 93).

weil letzteres dem Staat gehöre. Nach einiger Zeit verpflichteten ebendiese Bevollmächtigten die Bauern, 5-8 Hektar Weizen auszusäen, und als Antwort auf Eingaben, daß es keinen Saatgut gäbe, sagten sie: »Das ist nicht unsere Sache, sät wie ihr wollt«."[101]

Die Baj-Arbeit zur Vorbereitung des Aufstands.

Der charakteristischste Typ von Vorbereitung der Aufstände, der sowohl im Bezirk Alaj-Gul'ča als auch in den Bezirken Angren und Talas zu bemerken ist, waren **vorbereitende Baj-Besprechungen** als Hauptart der organisatorischen Tätigkeit. Bei diesen Besprechungen wurden Grundfragen der politischen Lage, der Klassendruck auf die Baj-Elemente, die Linie der Sowjetmacht zur Vernichtung des Kulakentums erörtert und schematische Pläne der Aufstände skizziert. Insofern eine ziemlich breite Teilnahme von bearbeiteten mittelbäuerlichen Elementen ein Grundzug dieser Baj-Besprechungen war, wurden die ganzen politischen und wirtschaftlichen Maßnahmen auf dem Lande, die gegen das Kulakentum gerichtet waren, [bei diesen Besprechungen] natürlich **als eine allgemeine politische Linie der Sowjetmacht gegenüber der gesamten Bauernschaft** dargereicht. Zum Beweis wurden zahlreiche, manchmal äußerst übertriebene Beispiele der Verletzung klein- und mittelbäuerlicher Elemente angeführt. Bei der Besprechung formierte sich in der Regel praktisch ein Führungskern der Aufständischen aus den einflußreichsten Bajs und Manapen, gewöhnlich aus Führern bestimmter Sippen. Eine längere, sorgfältigere und organisatorisch tiefergehende Vorbereitung fand **nur im Kanton Talas** statt, wo im Ergebnis von vorbereitenden und Baj-Besprechungen, wie dies die Unter-

---

[101] In dieser Aussage werden ganz offensichtlich Verhältnisse in einem Gebiet mit nomadischer Bevölkerung beschrieben, die bislang von Vieh- und Weidewirtschaft gelebt hatte und nun im Zuge der Kollektivierung in Kolchosen zu Getreideanbau gezwungen wurde (dasselbe gilt im übrigen auch für die voranstehenden Ausführungen zum Bezirk Alaj-Gul'ča).

suchungsmaterialien zeigen, konterrevolutionäre Aufstandszellen in den Dörfern eingerichtet wurden und die Mitglieder der Organisation bestimmten Dörfern zugeteilt wurden, um die Bevölkerung zu bearbeiten:

> „Um die Bevölkerung auf einen Auftritt im ganzen Kanton vorzubereiten, **richteten wir in einer Reihe von Dörfern Zellen ein.** So wurde im Bezirk Talas im Dorf Nr. 8 eine Zelle aus einflußreichen Manapen eingerichtet... Im Dorf Nr. 9 richteten wir eine Zelle ein[, die] aus dem ehemaligen Bezirksverwalter und Bajs [bestand]... Im Dorf Nr. 10 wurden ebenfalls Sippenälteste Mitglied der Zelle... **Jedem Mitglied der Organisation wurde ein bestimmtes Dorf zugeteilt, in dem es über den dörflichen Sippenältesten die Bevölkerung bearbeiten und sie zum Auftritt vorbereiten sollte.** In jedem Dorf wurde eine Besprechung [mit] der Bevölkerung einberufen."

Für die Aufstände von Alaj-Gul'ča und Talas ist **die Rolle von Feudal- und Sippenrelikten** besonders charakteristisch. Die Sippenführer und die Sippenältesten stellten sich nicht nur an die Spitze der Bewegung und machten ihren Führungskern aus, sondern stellten auch den Grundkader, dessen Aufgabe auf die Bearbeitung der Bevölkerung hinauslief. Der Hauptführer des Aufstands von Alaj-Gul'ča war der Führer der mächtigsten Sippe im Bezirk, der Touke, Turgunbaj **Nišanov. In Talas stellte die Bearbeitung der Bevölkerung über die Sippenältesten das definitive organisatorische Prinzip dar.** Der Prozentsatz an Sippenältesten ist im Aktiv der Aufstandsorganisationen außerordentlich hoch.

Besondere Aufmerksamkeit zieht das Fehlen einer langen organisatorischen Vorbereitung der Aufstände in Alaj-Gul'ča und im Bezirk Angren auf sich, und [ebenso] die im Gegenteil tiefe und sorgfältige Vorbereitung des Aufstands in Talas. Dieser Umstand steht in direkter Verbindung mit dem Charakter der Überspitzungen und Entstellungen in diesen Bezirken, besonders [im Fall] des empörenden Charakters der Überspitzungen, Entstellungen und direkten Verhöhnung der Bevölkerung in Alaj-Gul'ča, [sowie im Fall] der Massenpanik in Verbindung mit der Kollektivierung des Bezirks Angren, die die Bevölkerung derartig erregten, daß **eine organisatorische Vorbereitung der Aufstände faktisch überflüssig gemacht wurde und sich auf unmittelbar den Auftritten vorangehende Besprechungen beschränk[en konn]te.** In Talas [aber], wo die Überspitzungen, obwohl sie eine weite Verbreitung fanden, keinen solchen außergewöhnlichen Charakter hatten, **erforderte** die politische Lage **tiefergehende organisatorische Handlungen** seitens des Bajtums, um die Bevölkerung [entsprechend] zu bearbeiten. Außerdem wirkte sich hier unzweifelhaft die Verbindung der Führer des Aufstands von Talas mit **Nasyrchan Tjura** aus, dem Anführer der Basmatschi-Aufstandsorganisation im Becken von Fergana. **Die Einrichtung von konterrevolutionären Zellen auf den Dörfern, worüber wir weiter oben schon gesprochen haben, stimmt völlig mit den Methoden der Aufstandsarbeit von Nasyrchan überein.**

[XIII.] DIE ANTI-SOWJETISCHE AKTIVITÄT DES BAJTUMS IN DER PERIODE JULI-OKTOBER

Im Laufe Juli-Oktober entfaltete sich ein besonders scharfer Klassenkampf um die wirtschaftlich-politischen Hauptkampagnen (Getreidebeschaffung, Realisierung der Baumwolle, Sammeln der Steuer). Der Höhepunkt der Baj-Aktivität **wurde im September erreicht, d. h. als der Höhepunkt der Getreidebeschaffung mit der Baumwollbeschaffung zusammenfiel.** Eine Analyse der Formen und Methoden der Baj-Aktivität zeigt, daß das Bajtum Juli-Oktober die ganze Summe von Methoden konterrevolutionärer Arbeit anwandte, **angefangen vom passiven Widerstand** (Flucht vom ständigen Wohnsitz innerhalb der Grenzen Mittelasiens und ins grenznahe Ausland) **und endend mit Sabotage, Schädlingstätigkeit, Terror und Massenauftritten.** Dabei verdient besondere Aufmerksamkeit, daß **mittelbäuerliche Elemente** in die konterrevolutionäre Arbeit und ihre offensten und aktivsten Formen (Massenauftritte) hineingezogen wurden. Als Grundlage diente dem Bajtum für eine solche Einbeziehung der Mittelbauern auf seiner Seite, wie alle Materialien zeigen, hauptsächlich die scharfen **Lebensmittel- und Industriewarenengpässe**. Schematisch lassen sich die Methoden der Baj-Arbeit der letzten Periode auf folgendes reduzieren:

1) **Sabotage von Wirtschaftskampagnen,**
2) **wirtschaftliche Schädlingstätigkeit,**
3) **konterrevolutionäre Agitation basmatschischer Färbung,**
4) **Terror und Massenauftritte,**
5) **passiver Widerstand.**

Die Sabotage von Wirtschaftskampagnen.

Sabotage der Baumwoll- und Getreidebeschaffung hatte im Laufe der 4 Monate [Juli-Oktober] und hat bis jetzt einen **weitverbreiteten Charakter**. Die glatte Weigerung seitens der Bajs, Baumwolle und Getreide abzuliefern, ist in dem einen oder anderen Ausmaß allerorten zu bemerken, stellt die primäre Sabotagemethode dar – besonders charakteristisch für die Anfangsperiode der Kampagnen –, **und verstärkt sich dort, wo der Druck auf das Bajtum besonders schwach ist.** Das Bajtum praktiziert – wie in den vergangenen Jahren – allerorten bei der Getreidebeschaffung, heimlich Getreide in Gruben zurückzulegen, zieht in diese Sache Mittelbauern hinein und spekuliert mit Getreideüberschüssen, was sich besonders in Verbindung **mit der scharfen Diskrepanz der Staats- und der Marktpreise** ausbreitet. Um Repressionen aus dem Wege zu gehen, **wird die Mehrheit der Spekulationsgeschäfte außerhalb der Bazare auf den Dörfern abgeschlossen und das Getreide wird in kleinen Partien** von 10-15 Pud [auf den Markt] **geworfen und aufgekauft.**

In ebenjenen Fällen **benutzt das Bajtum zum Weiterverkauf des Getreides systematisch Kameltreiber**. Einen für dieses Jahr spezifischen Charakter hat die Baj-Sabotage der Baumwollkampagne, indem sie sich weigern, Baumwolle [zum Anbau] abzunehmen [und dafür] mit Getreide[lieferungen] abgefunden zu werden. Derartige Fakten sind besonders gefährlich, weil die Stockungen in der Getreideversorgung und die bedeutenden Lebensmittelengpässe für das Bajtum eine besonders günstige Grundlage schaffen, in diese Form der Sabotage **nicht nur Mittelbauern, sondern auch Klein- und Kolchosbauern** hineinzuziehen.

Die wirtschaftliche Schädlingstätigkeit.

In bedeutend breiteren Ausmaßen als bisher praktiziert das Bajtum 1930 wirtschaftliche Schädlingstätigkeit im Prozeß der Baumwollkampagne. Zugleich läßt sich konstatieren, daß sich die Schädlingsarbeit des Bajtums nicht nur verbreitet, **sondern auch vertieft hat**. Den üblichen Arten der Schädlingstätigkeit auf den eigenen Feldern (Baumwolle samt Wurzel herausreißen, Baumwollfelder überfluten, Baumwolland unter Winterweizen vorbereiten etc.) fügt das Bajtum allerorten **Schädlingsarbeit auf Kolchosfeldern und Feldern von Klein- und Einzelmittelbauern** hinzu. Abweiden von Kolchos-, klein- und mittelbäuerlichen Saaten, Vernichtung von Baumwolle auf diesen Feldern und Brandstiftungen wurden dieses Jahr in allen mittelasiatischen Republiken festgestellt und fanden besonders weite Verbreitung in allen Hauptbaumwollgebieten Uzbekistans, in den Bezirken Ašchabad, Denau und Tašauz Turkmeniens, und in den Bezirken Kurgan-Tjube, Stalinabad und Jangi-Bazar Tadschikistans.

Die konterrevolutionäre Agitation.

Bei der konterrevolutionären Agitation der letzten Periode [Juli-Oktober] waren zwei Hauptrichtungen zu bemerken: 1) **das Ausnutzen [des Auftretens] von Lebensmittel- und Industriewarenengpässen, und 2) das Bestreben, [politisches] Schwanken und Panik zu schaffen, indem falsche Gerüchte über ein Wachsen des Basmatschitums und ein bevorstehendes Kommen der Basmatschis [aus dem grenznahen Ausland] verbreitet wurden.**

Die Lebensmittel- und Industriewarenengpässe figurierten allerorten als Motiv für konterrevolutionäre Agitation, und um zur Sabotage der Wirtschaftskampagnen aufzurufen.

Der Terror, die Massenauftritte und die Flugblätter.

Die Gesamtmenge an offenen, anti-sowjetischen Bekundungen in den letzten 4 Monaten erlaubt zu konstatieren, daß sie sich im Vergleich zu den vorangegangenen Quartalen von 1930 unzweifelhaft **verringert** haben. Jedoch, dies erlaubt **keinesfalls den Schluß zu ziehen, daß sich die Baj-Aktivität verringert hat.**

1) Eine Verringerung der Zahl von Massenauftritten findet nur im Vergleich mit der Periode der Kollektivierung und Entkulakisierung statt, als sich die Massenauftritte als eine Form anti-sowjetischer Arbeit mit spontanen Auftritten der klein- und mittelbäuerlichen Massen gegen empörendste Entstellungen und Überspitzungen bei der Kollektivierung verbanden. Im Gegenteil, jenes Faktum, daß Massenauftritte, die in den vorangegangenen Jahren auf dem Territorium Mittelasiens überhaupt keine Verbreitung hatten, **sich Juli-Oktober weiter auf einem vergleichsweise hohen Niveau halten, ist ein Zeugnis dafür, daß sich diese Methode der konterrevolutionären Baj-Arbeit weiter festigt und vom Bajtum aktiv im Prozeß der Ge**treidebeschaffung und besonders der Realisierung der

Baumwolle angewandt wird (4 Auftritte aufgrund der Getreidebeschaffung und 11 Auftritte in Verbindung mit der Realisierung der Baumwolle).

2) Analog ist die Situation bei den Flugblättern. Auch wenn die Menge an Flugblättern sich im Vergleich mit dem ersten Halbjahr von 1930 verringert hat, so ist doch das fast völlige Fehlen von Flugblättern 1929 [gegenüber dem Auftauchen von] 12 Flugblättern in der Periode Juli-Oktober [1930] ein markantes Zeugnis dafür, daß **sich auch diese Methode der Baj-Arbeit weiter festigt und nicht allein mit den spezifischen Bedingungen eines besonders scharfen Klassenkampfs im Prozeß der Kollektivierung und Entkulakisierung verbunden ist.**

3) Bei einer allgemeinen Verringerung der Zahl von Terrorakten, haben wir für Juli-Oktober 32 Terrorakte [zu verzeichnen], die gänzlich mit der Getreidebeschaffung und der Realisierung der Baumwolle verbunden sind. Ein Faktum, das bezeugt, daß **die terroristische Tätigkeit des Kulakentums verbunden mit Wirtschaftskampagnen im Vergleich zu 1928 und 1929 gestiegen ist.**

Die Verringerung der Anzahl offener, anti-sowjetischer Auftritte Juli-Oktober wird von einer **Vertiefung** und **Ausweitung** solcher Formen der konterrevolutionären Arbeit begleitet, wie Sabotage der Wirtschaftskampagnen, Schädlingstätigkeit und passiver Widerstand (Flucht der Bajs vom ständigen Wohnsitz).

Die Flucht der Bajs vom ständigen Wohnsitz.

Die Flucht der Bajs vom ständigen Wohnsitz als eine bestimmte Form des passiven Widerstands gegen alle politischwirtschaftlichen Hauptmaßnahmen der Sowjetmacht hat 1930 **erstmalig Massenausmaße angenommen und sich über das** ganze Territorium Mittelasiens verbreitet.[102] Die Flucht der Bajs, die in der Periode der Kollektivierung und Entkulakisierung begann, hat außergewöhnlich ernsthafte Ausmaße erreicht. In der Periode Juli-Oktober, d.h. während der Getreidebeschaffung und der Realisierung der Baumwollernte, registrierten unsere Organe nach bei weitem nicht vollständigen Daten die **Flucht von 4024 Haushalten vom ständigen Wohnsitz.** Wenn auch das Hauptkontingent der Flüchtlinge dem Bajtum angehört, so erlauben doch die vorhandenen Materialien, mit hinreichender [Gewißheit] zu konstatieren, daß es dem Bajtum gelungen ist, eine bedeutende Menge mittelbäuerlicher Haushalte, die auf entsprechende Weise bearbeitet wurden, mit sich fortzuziehen, dank jener Überspitzungen und Entstellungen, die im Prozeß der Baumwoll- und Getreidebeschaffung stattfanden. Die genauen Daten zur Flucht[bewegung] werden durch folgende Tabelle charakterisiert: (siehe die Tabelle auf Seite 148-149).

Diese Daten erlauben zu konstatieren, daß die Flucht im wesentlichen **aus den am meisten zurückgebliebenen Gebieten der Region** (Kara-Kalpakien, Kaška-Dar'ja, Surchan-Dar'ja, Kenimech) stattfindet, wo die Klassenlinie am notwendigsten

---

[102] An dieser Stelle offenbart sich einmal mehr in aller Deutlichkeit die durch eine konspirative Grundeinstellung pervertierte Sichtweise der „Organe", wenn der als ganz natürlich anzusehende Versuch von Teilen der Bevölkerung, insbesondere denen, die als *bāys* stigmatisiert wurden, sich damit verbundenen Repressalien durch Migration oder Emigration zu entziehen, als intentionaler passiver Widerstand gegen die Sowjetmacht gedeutet wird. Massenhafte Emigrationen hatten unter dem Druck anderer sowjetischer Maßnahmen auch schon früher stattgefunden (zu den Ausmaßen vgl. o. Anm. 21) und fanden auch weiterhin noch statt (vgl. z. B. RCChIDNI: f. 62, op. 2, d. 3134, l. 5 f., wo es in einem Memorandum der „Kommission des Mittelasienbüros des ZK der VKP(b) zur Erforschung der Ursachen der Emigration in Tadschikistan" von Anfang Oktober 1933 heißt, daß 1933 allein aus acht Bezirken Südtadschikistans (aufgrund von „Entstellungen der Wirtschaftskampagnen") 7982 Haushalte fortzogen: „Ihre soziale Zusammensetzung ist unbekannt, aber über die Emigranten läßt sich sagen, daß das anti-sowjetische und kriminelle Element 15-20% ausmacht. Die restlichen 80-85% entfallen auf werktätige Bauernhaushalte, die von den anti-sowjetischen Elementen zur Emigration provoziert worden sind", meinten die Machthaber interpretieren zu müssen.

ist, wo anti-sowjetische Überspitzungen unbestraft bleiben, und [wo] Entstellungen unserer Politik in bezug auf die Viehzüchter [Nomaden] einen besonders **massenhaften Charakter** haben. Ernsthafte Aufmerksamkeit zieht die Vielzahl der Fakten von **Flucht** der Viehzüchter auf sich – als direktes Resultat von Entstellungen im Prozeß der Getreidebeschaffungskampagne –, die darauf hinauslaufen, den Viehzüchter-Haushalten schwere Aufgaben bei der Ablieferung von Getreide aufzuerlegen. Agrarwirtschaftliche Haushalte, die vom ständigen Wohnsitz fliehen, werden, wie die Materialien zeigen, von dem Bestreben geleitet, der Ablieferung von Getreide, Baumwolle, Steuern etc. zu entrinnen. Im Ergebnis der Flucht[bewegung] haben wir eine **bedeutende Desorganisation der Planberechnungen und Elemente von Panik unter der Hauptmasse der Bauernschaft.**

Eine Analyse der Materialien zu den Flüchtenden erlaubt zugleich, folgende Schlußfolgerungen auf Plätze der Konzentration von Flüchtenden und auf Methoden der Flucht zu ziehen:

1) für die individuelle Flucht von Bajs ist charakteristisch, aus ihrem Bezirk in einen benachbarten überzuwechseln oder in eine Stadt, vorzugsweise zu Verwandten;

2) Viehzüchter-Bajs aus dem Gebirgsvorland fliehen in einer Reihe von Fällen in die Berge, wobei sie sich [dort] manchmal aktiven Banden anschließen;

3) für Gruppenfluchten ist charakteristisch, daß sie im wesentlichen die Viehzüchter berühren, den Charakter eines nomadischen Siedlungsraumwechsels zusammen mit Mittel- und Kleinbauern haben, und sich oft unter dem Schutz bewaffneter Gruppen vollziehen.

Das Hauptbestreben der Geflohenen ist, in die Nähe der [Staats]grenze umzusiedeln, **um anschließend nach Afghanistan fortzugehen.** Solche Stimmungen werden von den Baj-Organisatoren der Flucht[bewegung] systematisch kultiviert

lfd. Nr.	Name der Bezirke, aus denen die Flucht stattfand	Gesamtzahl der geflohenen Haushalte	Menge der Baj-Haushalte unter ihnen	Bezirke der Konzentration Geflohener	Menge der Haushalte	Anmerkungen
3	ehem. Kreis Taschkent (Uzb.)					
	Bezirk Džizak	25	Mehrheit Bajs	Bezirk Paj-Aryk	25	
	" Zaamin	152	"	unbestimmt		
	" Parkent	5	Bajs	unbestimmt		
4	ehem. Kreis Surchan-Darja (Uzbekistan)					
	Bezirk Tengi-Charam	200	"	"		
5	ehem. Autonomer Bezirk Kenimech (Uzbekistan)	380	Mehrheit Bajs	chem. Kreis Buchara		
				Bezirk Neu-Buchara	100	In den ersten Tagen des Oktober sind 50 mittelbäuerliche Haushalte zurückgekehrt
				" Karakul'	280	
6	Kirgisien					
	Bezirk Čuj und Kanton Karakol'	200	Baj-Haushalte 125	Kazachstan mit der Absicht, nach China zu emigrieren	200	

lfd. Nr.	Name der Bezirke, aus denen die Flucht stattfand	Gesamtzahl der geflohenen Haushalte	Menge der Baj-Haushalte unter ihnen		Bezirke der Konzentration Geflohener	Menge der Haushalte	Anmerkungen
1	ehem. Kreis Kaška-Darja (Uzbekistan)	354	Großviehzüchter ... 235 Großgrundeigentümer 119		ehem. Kreis Samarkand (Uzb.) ehem. Kreis Surchan-Darja (Uzb.) Tadschikistan Turkmenien	18 11 11 197	
2	ehem. Kreis Samarkand (Uzbekistan): Bezirk Bulungur " Ak-Darja " Mitan " Beškent " Guzar " Čirakči " Jakob " Kitab " Šahrisjabz	4 5 7 38 76 41 46 41 17	Bajs " " " " " " " "		unbestimmt unbestimmt		

und treffen beim mittelbäuerlichen [Bevölkerungs]teil auf die bekannten Sympathiebekundungen, hauptsächlich **aufgrund der Lebensmittelengpässe** (Kreis Buchara).

Die Emigration ins grenznahe Ausland.

Die vorhandenen, unvollständigen Daten zur Emigration ins grenznahe Ausland werden durch folgende Ziffern charakterisiert:

1) in der ersten Hälfte von 1930 und dem letzten Viertel von 1929 emigrierten aus der Turkmenischen SSR 2155 Haushalte, darunter 445 Baj-[Haushalte]. In der Periode Juli-Oktober 694 Haushalte, darunter nicht mehr als 70 Baj-[Haushalte];

2) in der ersten Hälfte von 1930 emigrierten aus der Tadschikischen SSR 456 Haushalte, davon 40% Baj-[Haushalte]. In der Periode Juli-Oktober gab es keine Massenemigration;

3) in der ersten Hälfte von 1930 emigrierten aus der Kirgizischen ASSR 600 Haushalte, in der gewaltigen Mehrzahl klein- und mittelbäuerliche. In der Periode Juli-Oktober emigrierten 30 Haushalte, darunter 20 Baj-[Haushalte].

Wenn auch die Daten außerordentlich unvollständig sind, so läßt sich doch folgender Schluß glaubwürdig ziehen: die Emigration ins grenznahe Ausland hat als Form des passiven Widerstands gegen die Wirtschaftskampagnen und als Ausweichen vor der staatlichen Verpflichtung im Vergleich zur Flucht vom ständigen Wohnsitz in innere Gebiete Mittelasiens einen **zweitrangigen und nebensächlichen Charakter. Ein Faktum, das unzweifelhaft mit der Verstärkung des Grenzschutzes und der [vergleichsweisen] Ungefährlichkeit von inneren nomadischen Siedlungsraumwechseln verbunden ist.** Nach wie vor, und wie auch in der ersten Hälfte des Jahres, zieht der Weggang einer bedeutenden Menge klein- und mittelbäuerlicher Haushalte zusammen mit den Bajs die Aufmerksamkeit auf sich. Besondere Aufmerksamkeit verdient die Emigration der Belutschen aus den Bezirken Iolotan und Merv der T[urkmenischen] SSR (474 Haushalte), **die im wesentlichen durch Lebensmittelengpässe und [Änderungen bei der] Bodenbewirtschaftung hervorgerufen wurde** (Regulierung der Wassernutzung, Kollektivierung).

Bevollmächtigter Vertreter der OGPU in Mittelasien *MIRONOV*

Stellvertretender Leiter der Spezialabteilung des Mittelasiatischen Militärkreises und der Bevollmächtigten Vertretung der OGPU in Mittelasien *VOLYNSKIJ*

25. 12. 1930
Taschkent

Resümee

Tiefergehende Schlußfolgerungen aus den Aussagen des voranstehend übersetzten OGPU-Berichts zur Situation von 1929/30 im ländlichen Raum Mittelasiens zu ziehen, die über einige, mehr generelle Bemerkungen hinausgehen, scheint mir unangebracht zu sein. Dies verbietet sich nicht nur aufgrund der Eigenheiten dieses Berichts und seiner Darstellungsweise – auf die in der Vorbemerkung bereits hingewiesen wurde – sondern auch angesichts der Komplexität der Verhältnisse, unter denen seinerzeit die Dokumentierung von Vorgängen im Zusammenhang mit der Kollektivierung erfolgte. Nur eine breitangelegte Untersuchung, die auf einer umfänglichen und vielfältig gestalteten Quellengrundlage aufbaut, würde es erlauben, angemessene, tiefergehende Schlüsse zu ziehen.

Den thematischen Mittelpunkt des OGPU-Berichts zur „Ländlichen Konterrevolution in Mittelasien" bilden – auch wenn dies im Bericht selbst nicht so gesehen wird – Folgen der ersten Etappe der (Zwangs)kollektivierung und Entkulakisierung sowie vorangegangener Maßnahmen der Sowjetmacht. Die Darstellung dieser Folgen läßt jenseits aller Verzerrtheit der Sichtweise und möglicher Machinationen den Schluß zu, daß es in Mittelasien 1929/30 so etwas wie eine Konterrevolution gab, im Sinne von Aktivitäten und Handlungen, die sich gegen Errungenschaften der Revolution richteten, gegen Maßnahmen des „sozialistischen Aufbaus" im allgemeinen und gegen die „sozialistische Neuordnung des Dorfes" insbesondere. Dieser Widerstand war in vielen Fällen eher spontan als organisiert, und erst recht keine breit durchorganisierte, anti-sowjetische Bewegung. Das gemeinsame Vielfache dieses Phänomens findet sich sich allenfalls in einem Reagieren auf gewaltsam von außen aufgezwungenen Wandel.

Die Motive und Formen „konterrevolutionären" Handelns konnten im Einzelfall sehr unterschiedlich sein. Darüber verrät der OGPU-Bericht wenig. Er zeigt nur, daß die Motive sich in einem Spektrum von persönlichem Überlebenskampf oder eigener Vorteilssuche bis hin zu traditionalistisch geprägter, prinzipieller Ablehnung des Neuen bewegten. Rudimentäre Organisationsansätze, wie bei den traditionalistisch eingestellten Basmatschis oder bei den – von ihrem politischen Programm her gesehen – moderat modernistisch ausgerichteten Bemühungen Nasyrchan Tjuras, boten sich als kurzfristige und lokal begrenzte Sammelbecken für Menschen an, die aus vielfältigen Gründen heraus dazu gezwungen waren oder sich gezwungen sahen, in einer praktisch aussichtslosen Position offen gegen die Machthaber aufzutreten. Mit der Sowjetmacht vorsätzlich auf Konfrontation zu gehen, dürfte eher die Ausnahme im Vergleich zu solchen Aktivitäten gebildet haben, die im OGPU-Bericht als „konterrevolutionär" hingestellt werden, letztlich aber in der Mehrzahl wohl als Verzweiflungstaten oder als Versuche zu betrachten sind, einem drohenden, befürchteten oder nicht akzeptierten Schicksal zu entgehen.

In Verkehrung des als Konterrevolution gebrandmarkten Geschehens von einer Widerstandsbewegung zu sprechen, ist nicht angebracht. Es gab einfach Widerstand, in verschiedensten Formen. Ausgehend von den Zahlen, die im OGPU-Bericht genannt werden, und angesichts der Ungeheuerlichkeiten, welche die (Zwangs)kollektivierung mit sich brachte, scheint der Widerstand eher gering gewesen zu sein. Die Frage, warum dies so war, beantwortet der Bericht natürlich nicht. Sie läßt sich auch im Rahmen des vorliegenden Büchleins nicht zweifelsfrei beantworten. Sicherlich spielte der gewaltige Repressionsapparat – nicht zuletzt durch die Organe der OGPU verkörpert – dabei eine wichtige, wenn nicht gar die wesentliche Rolle.

Die Sowjetmacht hat – nach allem, was mir über sie bekannt ist – zumindest seit 1920 in Mittelasien nicht erfolglos nach dem Prinzip „Zuckerbrot und Peitsche" gehandelt. Auf die „Peitsche" beschränkt, bleibt zu vermerken, daß es schließlich auch Menschen gab, die im Repressionsapparat und bei der Kollektivierung mitmachten – manch einer unter ihnen aus Überzeugung, andere, weil sie davon Vorteile hatten, sich solche von ihrem Tun versprachen oder vielleicht tatsächlich unter der Sowjetmacht ein besseres Leben als früher führten.

Wieviele dies im Verhältnis zu den Unzufriedenen waren, läßt sich aus den Zahlen des OGPU-Berichts nicht erschließen. Er zählt ja nur das Segment derjenigen Unzufriedenen, die den Organen als solche ins Auge gefallen waren bzw. so von ihnen betrachtet wurden.

Wie schon mehrfach bemerkt, die Sichtweise der OGPU läßt sich nicht einfach umkehren und in realistische Bilder verwandeln. Das hiermit implizit geforderte komplexe Bild in allen notwendigen Details zu zeichnen, würde den Rahmen des vorliegenden Büchleins sprengen. Stattdessen soll zur näheren Begründung dieser Forderung eine Episode aus der weiteren Geschichte der politischen Führung Tadschikistans hier den Schlußstrich bilden, den ich – in Form zweier Dokumente zu einer Art Fragezeichen gestaltet und hinsichtlich der Hauptpersonen bewußt karg kommentiert – unter dieses Büchlein ziehen möchte.

Der voranstehend übersetzte OGPU-Bericht dürfte – zusammen mit dem Kommentar und der Vorbemerkung – dem Leser wohl hinreichend Anhaltspunkte bieten, sich eine einigermaßen begründete Vorstellung davon zu machen, wie sich die zweite Etappe der Kollektivierung und Entkulakisierung (1931-32) in Mittelasien gestaltet haben könnte. – Jedenfalls, nachdem die zweite Phase der Kollektivierung abgeschlossen war, und als der Hunger über die „kollektivierte und entkulakisierte" Sowjetunion hereingebrochen war, traf das „Büro des ZK der KP(b) Tadschikistans" am 31. Mai 1933 eine „Sonderentscheidung", die sich zwar nicht direkt Fragen des ungeheuerlichen Desasters der Kollektivierung widmete, aber allem Anschein nach damit zusammenhing. Diese „Sonderentscheidung" findet sich im „Protokoll Nr. 42, Punkt I: Information des Genossen

Mukke¹ über die aufgedeckte konterrevolutionäre Gruppierung":
1. Die durch die OGPU [vorgenommene] Verhaftung der Organisatoren einer konterrevolutionären Gruppe in der Zusammensetzung Šachobutdinov, Gul' Maksum, Kasim Tairov und Mulla Achmed ist zu sanktionieren.²

---

¹ Wie einem Sonderbeschluß des Büros des ZK der KP(b) Tadschikistans zu „Fragen des Pamir" vom 25. 3. 1933 zu entnehmen ist, war Mukke Stellvertretender Vorsitzender der OGPU-Vertretung in Tadschikistan; überdies hielt dieser Beschluß – eine Abmahnung an das Gebietskomitee der Partei im Pamir in Sachen unangemessener Forcierung der Kollektivierung – fest, daß Mukke dorthin reisen sollte, „um zu helfen" (AKPT: f. 3, op. 165, d. 3, l. 15 f., 17).
² Zum fraglichen Vorgang ist mir nicht mehr bekannt, als das zitierte Dokument preisgibt. Dasselbe gilt für Šihābuddīn(ov) und Qāsim Ṭā'ir(ov). Zu Mullā Aḥmad kann ich lediglich bemerken, daß Majer, *Boevye epizody* 189, als einen der Basmatschi-Führer, die Frühjahr 1931 mit Ibrāhīm Bīk auf tadschikischem Territorium aktiv wurden, einen gewissen Mullā Aḥmad nennt; dieser aber muß angesichts seines „Allerweltsnamens" nicht mit dem hier genannten Verhafteten identisch sein. – Zu Gul Maḥsūm Bābāğān(ov) verfüge ich über folgende Zeugnisse: Aus dem „Sitzungsprotokoll Nr. 7 der Diktatorischen Kommission [Ost-Bucharas] vom 2. 12. 1923" geht hervor, daß er aus dem Bezirk Kūlāb stammt (CGA RT: f. R-1, op. 1, d. 12, l. 14), und aus dem „Zirkular Nr. 1 des ZEK Ost-Bucharas vom 8. 7. 1924", daß er Mitglied dieses neugeschaffenen ZEK war; Februar 1925 nahm er als ZEK-Mitglied Tadschikistans und „parteiloser Bauer" am I. Alluzbekischen Rätekongreß teil (*Pervyj vseuzbekskij s"ezd* 109); am 16. 1. 1927 schrieb Tolpygo in einem Brief an Ivanov u. a. „zur Frage, [... ...] Gul' Maksum ins ZEK reinzubringen", was Ivanov anscheinend befürwortete –, „ich sehe dies als eine gegen mich gerichtete Maßnahme an, als eine vollkommen unnötige und politisch nicht zu rechtfertigende Konzession", was Tolpygo u. a. damit begründete: „[Nusratulla] Maksum war gegen Gul' Maksum – in diesem Fall bin ich natürlich prinzipiell dafür – Gul' Maksum, das ist die [Nusratulla] Maksum feindliche nationale Gruppe, die mit Faizulla Chodžaev [dem Vorsitzenden des SNK Uzbekistans] verbunden ist" (AKPT: f. 1, op. 1, d. 538, l. 34; zu Nuṣratullāh Maḥsūm vgl. u. Anm. 3; zu Faiẓullāh Ḫ'āǧa(ev) (1896-1938, Sohn eines bucharischen Großkaufmanns) vgl. z. B. id., *Izbrannye* I, 11 ff.); im „14-tägigen Informationsbericht Nr. 8 der *oblast'*-Abteilung der OGPU in der Tadschikischen ASSR" für die Periode 20. 5. – 1. 6. 1928 findet sich vermerkt, daß der *bāy* Raǧab Ḥusain aus dem Dorf Laǧmān bei Kūlāb, der selbst 40 *ṭanāb* Bewässerungsland (das entspr. 10,92 ha) besaß, drei Paar Ochsen hatte und fünf Lohnarbeiter beschäftigte, „am 25. April sich 30 Paar Ochsen besorgte, um die Ländereien des Mitglieds des ZEK der Uzbekischen SSR, Gul' Maksum, zu pflügen" (AKPT: f. 1, op. 1, d. 1084, l. 125).

Den Forderungen des Genossen [Nuṣratulla] Maksum³ entsprechend, ist seine Erklärung darüber ins Protokoll des ZK aufzunehmen, daß er sich kategorisch gegen die Verhaftung Šachobutdinovs und Mulla Achmeds, und auch gegen die schon durchgeführte Verhaftung von Alikul⁴ in Anbetracht dessen ausspricht, daß sie in der Vergangenheit mit Orden für die Teilnahme am Kampf mit dem Basmatschitum ausgezeichnet worden seien, [und außerdem, daß er] eine Überprüfung der Anklagematerialien der OGPU seitens des ZK [für] notwendig [hält].

2. Es ist für eine vollkommen unzulässige Erscheinung von Seiten des Genossen Chodžibaev⁵ zu halten, eine Erklärung darüber abzugeben, daß angeblich der untere dörfliche Apparat der OGPU zu 70-80% mit sozial fremden und anti-sowjetischen Elementen verschmutzt sei, und er kraft dessen einer Durchführung der Verhaftung der genannten Personen ohne eine spezielle Überprüfung der Materialien nicht zustimmen könne. Genosse Chodžibaev ist darauf hinzuweisen, daß solch eine vollkommen unduldbare Erklärung gegen den Apparat der OGPU nichts anderes darstellt, als einen Versuch sie zu diskreditieren, und einen Wunsch ihr gegenüber Mißtrauen auszusäen.

Indem in einer Reihe von Orten das Vorhandensein falscher Beziehungen zum Apparat der OGPU seitens einzelner Partei- und Sowjetfunktionäre bemerkt wird (Beschuldigung der OGPU, falsche Verhaftungen auszuführen; Beschuldigung der OGPU, Materialien vermittels sozial fremder und anti-sowjetischer Elemente zu sammeln, etc.), sind die Bezirkskomitees der Partei zu verpflichten, mit dieser vollkommen unduldbaren Erscheinung den entschiedensten und unversöhnlichsten Kampf zu führen. Die Bezirkskomitees der Partei sind darauf hinzuweisen, das nur die wütendsten Feinde der Partei und der Sowjetmacht, die einen verzweifelten Kampf gegen den sozialistischen Aufbau führen, alle Mittel in Gang setzen, um das mächtigste Organ der proletarischen Diktatur, die OGPU, zu diskreditieren und zu schwächen. Das ZK gibt allen Bezirkskomitees der Partei den Auftrag, - ohne Rücksicht auf die Person - die geringsten Versuche, den Apparat der OGPU zu beschuldigen, als eine Widerspiegelung von Stimmungen und Bestrebungen kulakisch-bajischer, konterrevolutionärer und anti-sowjetischer Elemente zu betrachten, und gegenüber diesen Funktionären wie auch gegenüber Leuten, die nichts mit der

---

³ Nuṣratullāh Maḥsūm (1881-1938) war zum fraglichen Zeitpunkt (und schon seit der Schaffung der Tadschikischen ASSR 1924/25) Vorsitzender des ZEK; es scheint mir im Zusammenhang mit der Verhaftung Gul Maḥsūms angebracht, überdies zu erwähnen, daß Nuṣratullāh Maḥsūm aus Ġarm stammt.
⁴ Zur Person 'Alīqūls ist mir nichts weiter bekannt.
⁵ Zu 'Abdurrahīm Ḥāǧǧībāy/(ev) (geb. 25. 4. 1900 in Ḥuǧand, 25. 1. 1938 zum Tode verurteilt) - er war zum gegebenen Zeitpunkt Vorsitzender des Rats der Volkskommissare Tadschikistans - vgl. Masov/Sultonov, *Abdurahim Hoǧiboev* 134 ff.

Partei und der Sowjetmacht gemein haben, die strengsten Maßnahmen zu ergreifen.
3. Die schriftliche Erklärung des Genossen Chodžibaev ist dem Protokoll des ZK beizulegen.[6]
4. Das ZK lehnt entschieden die Behauptung des Genossen Maksum ab, daß sich die Republik [Tadschikistan] in einem katastrophalen Zustand befände (»Die ganze Republik geht nach Afghanistan«), und ebenso [diejenige], daß die Emigration kraft Provokationen – sowohl des Sowjetapparats, als auch des Apparats der OGPU – stattfände, die angeblich gänzlich mit kulakisch-bajischen und anti-sowjetischen Elementen verschmutzt seien.
Indem es solch eine Behauptung entschieden verurteilt, verweist das ZK den Genossen Maksum darauf, daß diese seine Erklärung unrichtig ist, [daß] derartige Erklärungen nur derjenige abgeben kann, der die Stimmung von Personen widerspiegelt, die nichts mit unserer Partei und Sowjetmacht gemein haben, und die infolge ihres Klassenhasses, nicht die grandiosen Erfolge des sozialistischen Aufbaus zu sehen wünschen. Das ZK bestätigt die [an dieser Stelle] gegebene Einschätzung [, daß grandiose Erfolge vorliegen,] durch seinen Beschluß vom ... ...[7] über die Ursachen der Emigration einzelner kleinbäuerlich-mittelbäuerlicher Haushalte, und ebenso auch von Kolchosbauern.
5. In Verbindung mit der offenkundig falschen Behauptung des Genossen Maksum, daß angeblich der Grund der Selbsttötung Machkamovs, – des ehemaligen [Partei]sekretärs des Bezirks Kizyl Mazar, der unangemessene Saatplan gewesen sei, den das ZK aufgestellt habe, ist es für notwendig zu halten, diese Frage bei der nächsten Sitzung des ZK speziell zu erörtern.[8]

---

[6] Diese Erklärung liegt mir nicht vor.

[7] Das an dieser Stelle nachzutragende Datum wurde in das Dokument, so wie es mir vorlag, nämlich als Durchschrift, nicht eingetragen. Der fragliche ZK-Beschluß, der anscheinend die Probleme mit der Emigration als „grandiose Erfolge des sozialistischen Aufbaus" hinstellt, liegt mir nicht vor.

[8] Zu diesem Vorfall ist bei Bauman, *Prevratit' Tadžikistan* 11, zu erfahren, daß Maḥkam(ov) – ungeachtet seiner Funktion – an der Spitze einer konterrevolutionären Organisation in Qizil Mazār (heute: Sovetskij) gestanden habe: „Und da kommt Maḥkamov (das ist er) nach Farhār und fängt ein Gespräch mit Qāsimbīkov an, der gleichfalls in die[se] kulakische, konterrevolutionäre Organisation hineingezogen worden ist. Eine der Fragen Maḥkamovs war: »Du warst vor kurzem in Afghanistan, sag, wie lebt man da?« Und Qāsimbīkov antwortete, daß die Bauern in Afghanistan schlecht leben, daß dort Hunger herrsche [hier spiegeln sich Aussagen sowjetischer Propaganda von damals und auch später wider]. Danach fühlte Maḥkamov die ganze Schwere seines Vergehens, daß er eigenhändig Leute in den Hunger getrieben hatte, und Maḥkamov hielt diese ganze Schwere der von ihm begangenen Verbrechen nicht aus. Er brachte sich, wie Sie wissen, selbst um" (zum besseren Verständnis dieser Ausführungen sei soviel bemerkt, als daß es sich um eine Rede Karl Janovič Baumans (1892-

In der Debatte traten auf: Maksum, Chodžibaev, Abdullaev, Michajlov, Ismailov.[9]
Sekretär des ZK, Unterschrift: Ismailov.[10]
In dieser Angelegenheit beschloß ein halbes Jahr später, am 5. Dezember 1933, das Politbüro in Moskau, – wie in seinem Protokoll Nr. 150 festgehalten wurde:

155/96. Beschluß des ZK der VKP(b) zum Vorsitzenden des ZEK der UdSSR und des ZEK der Tadschikischen SSR, Maksum, und zum Vorsitzenden des SNK [Rats der Volkskommissare] der Tadschikischen SSR, Chodžibaev.
Der Beschlußentwurf des ZK (s. Anlage) ist zu sanktionieren.[11]

Diese Anlage, die bemerkenswerter Weise mit „Beschluß des ZK..." und nicht mit „Beschlußentwurf des ZK..." übertitelt ist, lautet:

Nachdem es den Bericht des Sekretärs des Mittelasienbüros des ZK der VKP(b), des Genossen Bauman,[12] [den Bericht] des Sekretärs des ZK der Kommunistischen Partei Tadschikistans, des Genossen Gusejnov,[13] [den Bericht] des Bevollmächtigten Vertreters der OGPU in Mittelasien, des

---

1937) vor dem Dezemberplenum (1933) des ZK und der ZKK der KP(b) Tadschikistans handelt; Bauman, der zu diesem Zeitpunkt amtierende Sekretär des Mittelasienbüros, war vom Politbüro wegen des „Falls Nuṣratullāh Maḫṣūm und Ḥāǧǧībā(ev)" vorübergehend nach Tadschikistan abkommandiert worden (vgl. u. S. 163 f.).

[9] Von den hier genannten Mitgliedern des „Büros des ZK der KP(b) Tadschikistans", die sich anläßlich der „Information des Genossen Mukke" zu Wort gemeldet haben sollen, ist mir Michajlov nicht weiter bekannt; zu Saifullāh ʿAbdullāh/(ev) (geb. 1899 in Ḫārūġ (russ. Chorog) der Hauptstadt des „Autonomen Gebiets Gorno-Badachšan" (GBAO) – lebte bis 1938) – er war zum gegebenen Zeitpunkt Vorsitzender der ZKK Tadschikistans – vgl. ĖST I, 15; zu Ibrāhīm Ismāʿīl(ov) (geb. 1901 in Nyūtī, einem Dorf im Bezirk Iškāšim des GBAO – lebte bis 1939) – er war zum gegebenen Zeitpunkt Zweiter Sekretär des ZK der KP(b) Tadschikistans – vgl. ĖST III, 31.

[10] AKPT: f. 3, op. 165, d. 3, l. 57 ff.

[11] RCChIDNI: f. 17, op. 3, d. 935, l. 21 (die an dieser Stelle überdies festgehaltene Namensliste der Sitzungsteilnehmer (insgesamt 71!) habe ich hier weggelassen, da ihre notwendige Kommentierung den Rahmen des vorliegenden Büchleins sprengen würde).

[12] Zu Karl Janovič Bauman (1892-1937), der Februar 1931 Nachfolger Zelenskijs geworden war, vgl. *Who Was Who* 53.

[13] Zu Mīrzā Dāvud Bāqir-uġlī Ḥusainov vgl. o. in der Vorbemerkung Anm. 79.

Genossen Piljar,[14] und die Erklärungen der Genossen Maksum und Chodžibaev angehört hat, meint das ZK der VKP(b), daß die verfügbaren Materialien, keine Grundlage abgeben, die Genossen Maksum und Chodžibaev der Beteiligung an einer konterrevolutionären Organisation in Tadschikistan gegen die Sowjetmacht anzuklagen.

Das ZK der VKP(b) hält es für erwiesen, daß:

1. die Genossen Maksum und Chodžibaev bei ihrer Arbeit in vielen Fällen nicht die Politik der Partei und der Sowjetmacht ausgeführt haben, nicht für eine Verbesserung der Lage der Klein- und Mittelbauern gesorgt haben, ihnen nicht beim Aufschwung ihrer Wirtschaft, sowohl der Kolchos- als auch der Einzel[wirtschaft] geholfen haben, Verbindungen mit kulakischen Elementen und ehemaligen Beamten des Emirs von Buchara aufrechterhalten haben, nicht selten Kulaken vor dem Klein- und Mittelbauerntum sowie deren revolutionären Vertretern in den lokalen Räten [*sovety*] verteidigt haben.

2. Als sie an der Spitze der Machtorgane standen, haben die Genossen Maksum und Chodžibaev nicht alle notwendigen Maßnahmen ergriffen, um die Willkür und die empörenden Fakten von Verhöhnung (ungesetzliche Abgaben und Steuern, ungesetzliche Beschlagnahmung von Vieh, ungesetzliche Verhaftungen und sogar Verprügelungen) der kleinbäuerlich-mittelbäuerlichen Bauernschaft von Seiten der Kulaken und Feinden der Sowjetmacht zu bekämpfen, die sich in einer Reihe von Bezirken und Dörfern in die Führungsorgane der Macht eingeschlichen haben.

3. Gleichzeitig haben die Genossen Maksum und Chodžibaev die Leninsche Nationaliätenpolitik hintertrieben, indem sie bei der Arbeit eine bürgerlich-nationalistische Linie verfolgten, die die Prinzipien des Leninschen Internationalismus verletzt, die Einheit und Brüderlichkeit der tadschikischen und der uzbekischen Werktätigen sowie die Einheit und Brüderlichkeit der tadschikischen und der russischen Werktätigen verletzt.[15]

---

[14] Zu Piljar ist mir ebensowenig wie zu seinem (direkten?) Vorgänger Mironov anderweitig etwas bekannt.

[15] Zum besseren Verständnis dieses Vorwurfs sei hier kurz bemerkt, daß seinen Hintergrund die Bemühungen der einheimischen politischen Führer der Tadschikischen ASSR bildeten, an Tadschikistan Gebiete mit „offiziellerweise" überwiegend tadschikischer Bevölkerung angeschlossen zu bekommen, die aber auf dem Territorium Uzbekistans lagen (dazu zählten z. B. auch die Städte Buchara und Samarkand). „Entschieden" wurde diese Frage Herbst 1929 durch eine Herauslösung der Tadschikischen ASSR aus der Uzbekischen SSR und die Erhebung Tadschikistans zu einer „selbständigen" Unionsrepublik, der als territorialer Zuschlag der Kreis Ḫuǧand (Nordtadschikistan) angeschlossen wurde (etwas zu diesem Vorgang und den damit verbundenen Problemen sowie ihrer „Lösung" findet sich bei Eisener, *Auf den Spuren des tadschikischen Nationalismus* passim). – Den beiden des „bürgerlichen Nationalismus" geziehenen, Nuṣratullāh Maḥṣūm und Ḥāǧǧībā(ev), wurde jetzt (1933) noch zusätzlich vor-

Das ZK der VKP(b) beschließt [deshalb], die Entlassung des Genossen Maksum vom Posten des Vorsitzenden des ZEK der Tadschikischen SSR und des Genossen Chodžibaev vom Posten des Vorsitzenden des SNK der Tadschikischen SSR im voraus zu entscheiden,[16] und [darüber hinaus] sind sie in die Verfügung des ZK zu überstellen.[17]

Das weitere Schicksal Nusratulla Maksums und Abdurachim Chodžibaevs unterscheidet sich in seinen Grundzügen nicht von demjenigen zahlreicher anderer Spitzenfunktionäre des Sowjet- und Parteiapparats in den dreißiger Jahren. – Nusratulla Maksum war in der Folge in Moskau an der „Akademie für Planzeichnen" tätig. Am 15. Dezember 1938 wurde er auf der Grundlage einer vorangegangenen gerichtlichen Verurteilung erschossen.[18] – Abdurachim Chodžibaev bekleidete in der Folge in Moskau eine „Rote Professur" an einem Wirtschaftsinstitut. Am 8. Juli 1937 wurde er von Organen des NKVD[19] verhaftet und am 25. Januar 1938 vom Militärkollegium des Obersten Gerichts der UdSSR zum Tode verurteilt.[20]

Bevor ich nun noch ergänzend etwas zum Nachleben dieser beiden tadschikischen Funktionäre anmerke, ist es unumgänglich, auch den Rest des ZK-Beschlusses vom 5. Dezember 1933

---

geworfen, sich auch nach der „Entscheidung dieser Frage" weiterhin für einen Anschluß von denjenigen der fraglichen Gebiete in Uzbekistan stark gemacht zu haben, die 1929 Tadschikistan nicht zugesprochen worden waren (vgl. Bauman, *Prevratit' Tadžikistan* 8 f.); überdies wurde ihnen vorgeworfen, daß sie „die Russen aus Tadschikistan vertreiben" wollten (*loc. cit.*).

[16] Diese Formulierung rührte daher, daß es formalerweise (aufgrund der Verfassung) dem ZEK Tadschikistans vorbehalten war, über diese Entlassungen zu entscheiden.

[17] RCChIDNI: f. 17, op. 3, d. 935, l. 67. – Diesen ZK-Beschluß (der Rest des Textes folgt weiter unten) erläuterte der Sekretär des Mittelasienbüros, Bauman, noch im selben Monat ausführlich vor dem „Vereinigten Dezemberplenum des ZK und der ZKK der KP(b) Tadschikistans". Eine offensichtliche und wesentliche Grundlage des Bauman-Berichts, der unmittelbar darauf 1934 veröffentlicht wurde (vgl. Bauman, *Prevratit' Tadžikistan*), bildeten – gleichermaßen wie etwas unauffälliger beim oben zitierten ZK-Beschluß – Materialien, die von der OGPU gesammelt worden waren (darunter auch deutlich als solche erkennbare Denunziationen und Aussagen von Verhörten).

[18] Vgl. Masov/Sultonov, *Nusratullo Machsum* 125, 133.

[19] Das Volkskommissariat für Inneres (*Narodnyj Kommissariat Vnutrennych Del*), das 1934 mit der OGPU verschmolzen war.

[20] Vgl. Masov/Sultonov, *Abdurahim Hoǧiboev* 144.

zu zitieren. Er besteht aus einer Reihe von Direktiven, die in bewährter Stalinscher Manier untergeordnete Organe rügen und sie dabei gleichzeitig zu einer Verschärfung ihrer Maßnahmen und Vorgehensweisen anstacheln:

Das ZK der VKP(b) meint, daß das ZK der KP(b) Tadschikstans nicht die gebührende Parteiwachsamkeit an den Tag gelegt hat, die Genossen Maksum und Chodžibaev nicht rechtzeitig zur Ordnung gerufen hat, nicht rechtzeitig ihre Frage dem ZK der VKP(b) vorgelegt hat, die einheimischen Parteikader Tadschikstans schwach im konsequent-revolutionären und parteilichen Geist erzogen hat, anti-parteiliche und anti-sowjetische Einflüsse auf die tadschikischen Kader [nur] schwach bekämpft hat, [nur] schwach die Entstellungen [der Parteilinie] bekämpft hat, die in einigen Bezirken stattgefunden haben.

Das ZK der VKP(b) beschließt: Genosse Gusejnov ist vom Posten des Sekretärs des ZK der KP(b) Tadschikstans zu befreien.[21]

Das ZK der VKP(b) bemerkt überdies, daß sich das Mittelasienbüro des ZK mit der Aufdeckung der negativen Fakten in Tadschikstan verspätet hat und außerdem nicht alle notwendigen Maßnahmen ergriffen hat, um die Arbeit der Parteiorganisation Tadschikstans zu stärken, und um die Entstellungen in der Angelegenheit der Kollektivierung und der religiösen Beziehungen nicht zuzulassen.[22]

Das ZK der VKP(b) schlägt dem Mittelasienbüro des ZK vor, die unmittelbare Leitung der Kommunistischen Partei Tadschikstans zu verstärken, die Korrektur aller genannten Fehler zu gewährleisten, und die Tadschikische SSR als die wichtigste grenznahe Unionsrepublik zu befestigen.

Das ZK der VKP(b) schlägt dem Mittelasienbüro des ZK vor, in der Angelegenheit der anti-religiösen Propaganda unbedingt keine Überspitzungen zuzulassen, indem es die Anweisungen des Programms der VKP(b) streng einhält, daß „sorgfältig jegliche Beleidigung der Gefühle von Gläu-

---

[21] Laut ÈST VIII, 424, verbrachte Ḥusain(ov) die Zeit, die ihm noch bis zu seiner Verhaftung, Verurteilung und Hinrichtung (21. 3. 1938) verblieb, als Mitarbeiter des Volkskommissariats für Bildung der RSFSR.

[22] Was die Frage der „religiösen Beziehungen" angeht, so bildet hier den Hintergrund, daß das ZK Tadschikstans am 14. Januar 1933 einen Beschluß (von anscheinend katastrophaler Folgewirkung) bekanntgegeben hatte, in Bezirken des West-Pamir Atheistenzirkel zu organisieren (vgl. Bauman, *op. cit.* 22, der nun Ende 1933 des weiteren hierzu ausführte, daß das Mittelasienbüro diesem Beschluß zugestimmt hätte (und das Politbüro?!), was eine Fehlentscheidung für die Verhältnisse in einem so zurückgebliebenen Gebiet wie dem Pamir gewesen sei (die erforderliche Selbstkritik!), wo unter der dortigen (*ismāʿīlī*-schen) Bevölkerung „noch tiefverwurzelte religiöse Überreste existieren", und die Leute – „sogar Parteimitglieder" – „bis jetzt *zakāt* an den lebenden Gott Aga Khan in Bombay zahlen" (op. cit. 22 f.).

bigen zu vermeiden ist, was [widrigenfalls] nur zu einer Befestigung des religiösen Fanatismus führt".

Insbesondere [aber] verpflichtet das ZK der VKP(b) das Mittelasienbüro des ZK, in der Angelegenheit der Kollektivierung Tadschikistans in Zukunft Vorsicht obwalten zu lassen, indem es die Kollektivierung nicht forciert und davon ausgeht, daß die Hauptform der Kollektivierung in Tadschikistan kraft der spezifischen Besonderheiten Tadschikistans, insbesondere im Ostteil Tadschikistans [Badachšan und Pamir], in der gegenwärtigen Etappe nicht die landwirtschaftliche Genossenschaft [*artel'*][23] darstellt, sondern die Genossenschaft zur gemeinschaftlichen Bodenbearbeitung (TOZ).

Das ZK der VKP(b) verpflichtet das Mittelasienbüro des ZK, in der Angelegenheit der Festigung der TOZ nicht nur allumfassende Hilfe zu leisten, sondern auch eine Reihe von praktischen Hilfsmaßnahmen für die kleinbäuerlich-mittelbäuerlichen Massen der Einzel[wirtschaften] auszuarbeiten und durchzuführen, und sie [dadurch] allmählich auf die Gleise der TOZ zu überführen.

Das ZK der VKP(b) schlägt dem Mittelasienbüro des ZK, dem ZK der KP(b) Tadschikistans und dem Präsidium des ZEK Tadschikistans vor, eine Sitzungsperiode des ZEK der Tadschikischen SSR einzuberufen und durch einen Beschluß des ZEK die Entfernung der Genossen Maksum und Chodžibaev [von ihren Posten] mit einer Begründung durchzuführen, die d[ies]em Beschluß des ZK der VKP(b) entspricht, und außerdem einen Beschluß d[ies]er Session des ZEK Tadschikistan herbeizuführen[, der] ein Ersuchen an das ZEK der UdSSR [darstellt], den Genossen Maksum vom Posten des Vorsitzenden des ZEK der UdSSR zu entfernen, und den Genossen Chodžibaev vom Posten eines Mitglieds des Präsidiums des ZEK der UdSSR [zu entfernen].

Sonderbeschluß:
Das ZK meint, daß die Organe der GPU Mittelasiens und Tadschikistans die Besonderheiten der Situation in Tadschikistan nicht berücksichtigt haben und beim Kampf mit anti-sowjetischen Elementen einen Machtmißbrauch zugelassen haben, indem sie Verhaftungen einen breiten Massencharakter verliehen haben.

Das ZK beauftragt eine Kommission in der Zusammensetzung der Genossen Bauman (Vorsitzender), Brojdo und Rachimbaev,[24] unverzüglich nach

---

[23] Die *artel'* wurde als Übergangsform zur Kommune (*kolchoz*) betrachtet und galt dementsprechend als eine fortgeschrittenere Form von Genossenschaft als die TOZ. – In der ersten Phase der Kollektivierung 1929/30 hatte es noch geheißen, je höher der Grad der Vergesellschaftlichung des Besitzes (worunter dann sogar Federvieh fiel), desto besser (vgl. Ivnickij, *Kollektivizacija* 80). – Auch auf die Gefahr hin, daß ich mich zu oft wiederhole: Es besteht wenig Anlaß, anzunehmen, daß hier tatsächlich etwas zurückgenommen werden sollte.

[24] Zu Grigorij Isaakovič Brojdo (1883/5–1956) – er war zum gegebenen Zeitpunkt Leiter der Verlagsabteilung des ZK, und besetzte dann in der Folge

Tadschikistan zu reisen, die Fälle der Verhafteten in Tadschikistan zu prüfen und unverzüglich jene von ihnen freizulassen, die fälschlicherweise verhaftet wurden.[25]
Das ZK verpflichtet den Genossen Bauman, für den Zeitraum von einem Monat in Tadschikistan zu bleiben, um persönlich die Arbeiten des ZK der Tadschikischen Kommunistischen Partei zu leiten und alle Partei- und Sowjetangelegenheiten in Tadschikistan in Ordnung zu bringen.[26]

Was dieser ZK-Beschluß vom 5. Dezember 1933 dann im einzelnen alles so bewirkt hat, ist ein anderes Kapitel. – Hier aber, im Rahmen dieses „Resümees" gilt es nur noch, vollends den Punkt unter das Fragezeichen zu malen, daß ich anstelle von Schlußfolgerungen ans Ende dieses Büchleins setzten wollte. Da für das Fragezeichen einmal mehr Tadschikistan als Beispiel herhalten mußte, soll es zur Vollendung des darunter gesetzten Punktes bei Tadschikistan bleiben.

Rund 20 Jahre mußten vergehen, bis am 28. Dezember 1957 die Kassation der Urteile gegen Nusratulla Maksum und Abdurachim Chodžibaev durch den Generalstaatsanwalt der UdSSR erfolgte. Am 26. Juni 1964 beschloß das Präsidium des ZK der KP Tadschikistans, Nusratulla Maksum „von Seiten der Partei postum für unschuldig" zu erklären. Das gleiche vollzog sich anscheinend im Fall Abdurachim Chodžibaevs erst drei Jahre später, im Juni 1967.[27] Zu einer vollen Rehabilitation die

---

bis November 1934 den Posten des Ersten Parteisekretärs in Tadschikistan – vgl. *Who Was Who* 89 (Brojdo verfügte über gewisse praktische Erfahrungen mit und in Mittelasien, wie selbst schon die spärlichen Daten erkennen lassen, die an dieser Stelle genannt werden). – Zu ʿAbdullāh Raḥīmbāy/(ev) (geb. 14. 6. 1896 in Ḫuǧand – hingerichtet 7. 5. 1938) – mit Tadschikistan hatte er im Laufe seiner vorangegangenen Karriere nicht allzuviel zu tun gehabt; zum gegebenen Zeitpunkt war er Mitglied des Kollegiums des Volkskommissariats für Bildung der RSFSR, und besetzte dann in der Folge bis 1937 den Posten des Vorsitzenden des SNK Tadschikistans – vgl. ĖST VI, 229.

[25] Was aus dieser Anweisung wurde, ist mir nicht bekannt. Sie mag – danach beurteilt, was über die 30er Jahre bekannt ist – zu einer (vorübergehenden!) Entlassung einiger Inhaftierter geführt haben.

[26] RCChIDNI: f. 17, op. 3, d. 935, l. 68 f. – Bauman war bei dieser Geschichte also glimpflich davongekommen. Nichtsdestoweniger ereilte auch ihn das gewissermaßen vorprogrammierte Schicksal (laut *Who Was Who* 53 starb er bereits in der Haft, am 14. Oktober 1937).

[27] Vgl. Masov/Sultonov, *Nusratullo Machsum* 133; iid., *Abdurahim Choǧiboev* 144. – An dieser Stelle ist nun der nötige Zusammenhang für den Hin-

ser beiden Funktionäre konnte sich die Parteiführung offenbar nicht durchringen.[28]

Nusratulla Maksum bekam ein Denkmal gesetzt. Es wurde in Garm, vor dem Flughafen, 1991/92 an der Stelle errichtet, wo bis dahin ein kollossales Lenindenkmal gestanden hatte. Die Statue Nusratulla Maksums ist nicht minder mächtig ausgefallen. Davon konnte ich mich jedenfalls 1995 an Ort und Stelle überzeugen. Zu diesem Zeitpunkt wies jener, in schwere Bronze gegossene Nusratulla Maksum Spuren von Beschuß auf, unter anderem mit schwerem Gerät. Die Folge des letzteren war ein Loch – kein Durchschuß – von ein paar Dezimetern Durchmesser, knapp unterhalb des Herzens. – Wie mir Ortskundige erläuterten, war dies ein Resultat des Feldzugs der „Faizali-Brigade" und anderer „Regierungstruppen", die im Frühjahr 1993 über Garm (Karategin) hergefallen waren, um – offiziellerweise – bewaffneten Kräften der „islamistischen" Opposition den Garaus zu machen, die dort für sich einen geeigneten Rückzugsraum gefunden hatten. Praktisch artete diese Aktion dann in einen Rachefeldzug gegen die Bevölkerung des Garm aus, – ein Feldzug, der im übrigen – außer viel Leid – nicht die von den neuen Machthabern (umgangssprachlich: Kulabis)[29] gewünschten Ergebnisse zeitigte.

---

weis hergestellt, daß mir der o. zit. ZK-Beschluß vom 5. 12. 1933 in Form einer beglaubigten Abschrift vorlag, die vom Zentralen Parteiarchiv in Moskau (heute: RCChIDNI) in einem Exemplar für den „Vorsitzenden der Parteikommission beim ZK der KP Tadschikistans, den Genossen I. Gavrilin" angefertigt wurde, vom 21. April 1964 datiert und mit dem Vermerk „streng geheim" versehen ist.

[28] Sie finden sich beispielsweise beide nicht unter einem eigenen Eintrag in der ĖST. Die Artikel von Masov/Sultonov über sie wurden 1989, in der Spätphase von *perestrojka*, in der Zeitschrift *Agitatori Toǧikiston* bzw. der Zeitung *Muallimon* auf Tadschikisch erstmalig veröffentlicht.

[29] *Kūlābī* bezeichnet Angehörige der (alt)eingesessenen Bevölkerung der südtadschikischen Provinz Kūlāb (nach der gleichnamigen Hauptstadt benannt) – ehemals ein kleines Lokalfürstentum, das in der zweiten Hälfte des 19. Jhdts. an das Emirat von Buchara fiel und dann eine seiner Statthalterschaften bildete. Heute, seit „Ende" des Bürgerkriegs von 1992, ist Kūlāb mit der zweiten südtadschikischen Provinz Qūrǧānteppa zu einer einzigen Provinz namens Ḫatlān (abgeleitet von Ḫuttalān, der historischen, vorislamischen Bezeichnung dieser Region) zusammengeschlossen, die zugleich das Hauptbaumwollanbaugebiet Tadschikistans umfaßt.

Wer muß bei derlei Geschichten nicht unwillkürlich auch an schon etwas länger vergangene Geschehnisse denken, von denen ein paar in diesem Büchlein gestreift wurden?

ABKÜRZUNGEN
(die in den Anmerkungen vorkommen)

AKPT – *Archiv Kommunističeskoj Partii Tadžikistana* (Archiv der Kommunistischen Partei Tadschikistans, früher: Parteiarchiv der Tadschikischen Filiale des Instituts für Marxismus-Leninismus, PA TF IML)

ASSR – *Avtonomnaja Sovetskaja Socialističeskaja Respublika* (Autonome Sozialistische Sowjetrepublik)

CGA RT – *Central'nyj Gosudarstvennyj Archiv Respubliki Tadžikistana* (Zentrales Staatsarchiv der Republik Tadschikistan, früher: Zentrales Staatsarchiv der Tadschikischen SSR, CGA TadžSSR)

d. – *delo* (Akte)

EI^2 – *Encyclopaedia of Islam, New Edition*

ĖST – *Ėnciklopedijai Sovetii Toǧik* (Tadschikische Sowjetenzyklopädie)

f. – *fond* (Fond)

GBAO – *Gorno-Badachšanskaja Avtonomnaja Oblast'* (Autonomes Gebiet Berg-Badachschan)

KGB – *Komitet Gosudarstvennoj Bezopasnosti* (Komitee für Staatssicherheit)

KP(b) – *Kommunističeskaja Partija (bol'ševikov)* (Kommunistische Partei (der Bolschewiken))

l. – *list* (Blatt)

ObKom – *Oblastnoj Komitet* (Gebietskomitee)

op. – *opis'* (Inventarliste)

RCChIDNI – *Rossijskij Centr Chranenija i Izučenija Dokumentov Novejšej Istorii* (Rußländisches Zentrum für Aufbewahrung und Studium von Akten der Zeitgeschichte, früher: Zentrales Parteiarchiv des Instituts für Marxismus-Leninismus, CPA IML)

RGVA – *Rossijskij Gosudarstvennyj Voennyj Archiv* (Rußländisches Militärstaatsarchiv, früher: Zentrales Staatsarchiv der Sowjetarmee, CGASA)

RSFSR – *Rossijskaja Socialističeskaja Federativnaja Sovetskaja Respublika* (Rußländische Sozialistische Föderative Sowjetrepublik)
SNK – *Sovet Narodnych Komissarov* (Rat der Volkskommissare)
SSR – *Sovetskaja Socialističeskaja Respublika* (Sozialistische Sowjetrepublik)
TOZ – *Tovariščestvo po sovmestnoj Obrabotke Zemli* (Genossenschaft zur gemeinschaftlichen Bodenbearbeitung)
VKP(b) – *Vsesojuznaja Kommunističeskaja Partija (bol'ševikov)* (Allunions-Kommunistische Partei (der Bolschewiken)
ZEK – *Zentralexekutivkomitee*
ZK – *Zentralkomitee*
ZKK – *Zentrale Kontrollkommission*

LITERATUR
(auf die in den Anmerkungen verwiesen wird)

ABDULLAEV, R.: *Turkestanskie progressisty i nacional'noe dviženie.* In: *Zvezda Vostoka,* 1992, Nr. 1, 106-113.

BABEROWSKI, J.: *Stalinismus „von oben". Kulakendeportationen in der Sowjetunion 1929-1933.* In: *Jahrbücher für Geschichte Osteuropas* XLVI, 1998, 572-591.

BAUMAN, K.JA.: *Prevratit' Tadžikistan v obrazcovuju Sovetskuju Socialističeskuju Respubliku. Doklad tov. Baumana, sekretarja Sredazbjuro CK VKP(b) na dekabr'skom ob"edinennom plenume CK i CKK KP(b) Tadžikistana.* Moskau/Taškent 1934.

BECKER, S.: *Russia's Protectorates in Central Asia: Bukhara and Khiva, 1865-1924.* Cambridge, Mass. 1968.

CHASANOV, M.K.: *Al'ternativa. Iz istorii Kokandskoj avtonomii.* In: *Zvezda Vostoka,* 1990, Nr. 7, 105-120.

CHASANOV, M.K.: *„Kokandskaja avtonomija" i nekotorye ee uroki.* In: *Obščestvennye nauki v Uzbekistane,* 1990, Nr. 2, 41-52.

CHODŽAEV, F.: *Izbrannye trudy.* Bd. I, Taškent 1970.

DONIËROV, Š.: *Muchtorijat qismati.* In: *Šarq julduzi,* 1991, Nr. 12, 159-173.

EISENER, R.: *Auf den Spuren des tadschikischen Nationalismus. Aus Texten und Dokumenten zur Tadschikischen SSR.* Berlin 1991. (= *Ethnizität und Gesellschaft, Occasional Papers* Nr. 30).

EISENER, R.: *Vom Nutzen und Nachteil sowjetischer Archive. Dargestellt am Beispiel der Aufklärung von Vorgängen in Mittelasien nach der Oktoberrevolution.* In: *Osteuropa. Zeitschrift für Gegenwartsfragen des Ostens,* XLII 1992, 595-608.

Ênciklopedijai sovetii toǧik. 8 Bde., Dušanbe 1978-1988.

Encyclopaedia of Islam. New Edition. Bd. 1 ff, 2. unv. Aufl., Leiden 1986 ff.

GAFUROV, B.G./PROCHOROV, N.N.: *Padenie Bucharskogo ėmirata. K 20-letiju sovetskoj revoljucii v Buchare (1920-1940 g.).* Stalinabad 1940.
GLINSKIJ, S.: *Dvulikij vrag.* Taškent 1930.
IVNICKIJ, N.A.: *Kollektivizacija i raskulačivanie (načalo 30-ch godov).* Moskau 1996.
KARP, V.V. (ed.): *Materialy k voprosu o zemel'nych otnošenijach v Tadžikistane.* Taškent/Stalinabad 1930.
KOMATSU, H.: *The Program of the Turkic Federalist Party in Turkistan (1917).* In: Paksoy, N.B. (ed.): *Central Asia Reader. The Rediscovery of History.* New York/London 1994, 117-126.
Kommunističeskaja partija sovetskogo sojuza v rezoljucijach i rešenijach s"ezdov, konferencij i plenumov CK. Tom četvertyj: 1927-1931. Moskau 1970.
KOZLOVSKIJ, E.: *Za krasnyj Turkestan.* Taškent 1926.
MAJER, A.: *Boevye ėpizody. Basmačestvo v Buchare.* Moskau/-Taškent 1934.
MASOV, R./SULTONOV, Š.: *Nusratullo Machsum.* In: *Hakikati ta"rich. Sahifahoi noaëni ta"richi Partijai Kommunistii Toǧikiston.* Dušanbe 1990, 123-134.
MASOV, R./SULTONOV, Š.: *Abdurahim Hoǧiboev.* In: *Hakikati ta"rich. Sahifahoi noaëni ta"richi Partijai Kommunistii Toǧikiston.* Dušanbe 1990, 134-146.
MERL, ST. (ed.): *Sowjetmacht und Bauern. Dokumente zur Agrarpolitik und zur Entwicklung der Landwirtschaft während des „Kriegskommunismus" und der Neuen Ökonomischen Politik.* Berlin 1993.
Pervyj vseuzbekskij s"ezd sovetov rabočich, dechkanskich i krasno-armejskich deputatov Uzbekskoj Sovetskoj Socialističeskoj Respubliki. Stenografičeskij otčet, fevral' 1925 g. Taškent o. J.
Revoljucionery, vožaki mass. (Slavnaja plejada kommunistov Uzbekistana). Taškent 1967.
SEMENOV, A.A.: *K prošlomu Buchary.* In: Ajni, S.: *Vospominanija.* Moskva/Leningrad 1960, 980-1015.

SEMENOV, A.A.: *Očerk pozemel'no-podatnogo i nalogovogo ustrojstva b. Bucharskogo chanstva.* Taškent 1929. (= *Trudy Sredne-Aziatskogo Gosudarstvennogo Universiteta*, serija II. *Orientalia*, vyp. 1).
Sovetskaja derevnja glazami VČK-OGPU-NKVD, 1918-1939. Dokumenty i materialy v 4 tomach. Tom 1. 1918-1922: Dokumenty i materialy, Moskau 1998.
STALIN, I.V.: *Werke.* Bd. XII, Berlin 1954.
STRONG, A.L.: *Red Star in Samarkand.* London 1930.
SULTANBEKOV, B.F.: *Pervaja žertva Genseka. Mirsaid Sultan-Galiev: Sud'ba. Ljudi. Vremja.* Kazan' 1991.
TURDIEV, Š.: *Rol' Rossii v podavlenii džadidskogo dviženija (po materialam archiva SNB Uzbekistana).* In: *Central'naja Azija*, 1998, Nr. 1(13), 132-146.
TURSUNOV, CH.: *Nacional'naja politika Kommunističeskoj partii v Turkestane (1917-1924 gg.).* Taškent 1971.
VASIL'EVIĆ, V.: *Bonapart iz Lokaja.* In: *Za partiju*, 1927, Nr. 3, 121-129.
VASILEVSKIJ: *Fazy basmačeskogo dviženija v Srednej Azii.* In: *Novyj Vostok* XXIX, 1930, 126-141.
Who Was Who in the USSR. Ed.: H.E. Schulz/P.K. Urban/A.I. Lebed, Metuchen 1972.
YAROSHEVSKI, D.B.: *The Central Government and Peripheral Opposition in Khiva, 1910-24.* In: Ro'i, Y. (ed.): *The USSR and the Muslim World. Issues in Domestic and Foreign Policy.* London 1984, 16-39.
Za narodnoe delo. 2. Auflage, Dušanbe 1974.

Bei Fragen zur Produktsicherheit wenden Sie sich bitte an:
If you have any questions regarding product safety,
please contact:

Walter de Gruyter GmbH
Genthiner Straße 13
10785 Berlin
productsafety@degruyterbrill.com